Thich Nhat Hanh

Religión y orientalismo

Biografía

Thich Nhat Hanh (Hue, Vietnam, 11 de octubre de 1926 - Hue, Vietnam, 22 de enero de 2022) fue monje budista, poeta, erudito y activista por los derechos humanos. Fue uno de los principales impulsores del budismo zen en Occidente. Fundador de universidades y organizaciones de servicios sociales, vivió sus últimos años en Plum Village, una comunidad de meditación en el sur de Francia a la que acuden anualmente cientos de personas para escuchar sus enseñanzas y aprender sencillas técnicas de meditación.

Propuesto para el premio Nobel de la Paz, Thich Nhat Hanh fue uno de los líderes espirituales más importantes de nuestro tiempo.

Thich Nhat Hanh

El monje

Una historia de amor verdadero

zenith

Obra editada en colaboración con Editorial Planeta – España

Título original: *The Novice*
Publicado en inglés por HarperOn, un sello de HarperCollins Publishers

Bajo el sello editorial PAIDÓS M.R.
Avenida Presidente Masarik núm. 111,
Piso 2, Polanco V Sección, Miguel Hidalgo
C.P. 11560, Ciudad de México
www.planetadelibros.com.mx
www.paidos.com.mx

Primera edición impresa en España en Zenith: febrero de 2020
ISBN: 978-84-08-22241-5

Primera edición impresa en México en Booket: abril de 2024
ISBN: 978-607-569-701-7

Impreso en los talleres de Impregráfica Digital, S.A. de C.V.
Av. Coyoacán 100-D, Valle Norte, Benito Juárez
Ciudad De Mexico, C.P. 03103
Impreso en México - *Printed in Mexico*

SUMARIO

1

NIÑO ABANDONADO

Kinh Tam acababa de hacer repicar la última campana del canto de la tarde cuando el joven novicio oyó el llanto de un bebé. Kinh Tam pensó: «¡Qué extraño!». Tras soltar la campana, el novicio avanzó silenciosamente hacia la puerta del campanario y observó la ladera justo a tiempo para ver a Thi Mau vestida con un ligero y dorado *nam than*, la larga camisa que suelen vestir las mujeres vietnamitas, con un recién nacido que lloraba en sus brazos. La mujer alzó la vista en dirección al novicio.

Un pensamiento alarmante surcó la mente de Kinh Tam. «Thi Mau habrá dado a luz al niño y ahora viene aquí a dejarlo a mi cuidado.»

En su interior brotaron raudas oleadas de sentimientos turbulentos. El novicio Kinh Tam repasó la, para él, difícil situación: «He tomado los votos monásticos del novicio. Me han acusado de mantener una relación sexual con Thi Mau y dejarla embarazada, y no he confesado la presunta ofensa». Los pensamientos se sucedieron. «¿Quién podría comprender el apuro en que me encuentro? ¿Acaso nadie percibe la enorme injusticia a la que se me ha sometido? Aun cuando mi maestro, el abad de este templo, me ama, aun cuando mis dos hermanos en el Dharma se preocupan mucho por mí, ¿quién sabe si tienen dudas sobre mi corazón? Y ahora el bebé está aquí. Negándose obstinadamente a llevar al recién nacido a su verdadero padre, Thi Mau lo ha traído al templo. Quienes ya creían que soy el padre del niño sin duda malinterpretarán que me quede con él. Dirán que he admitido mi culpa. ¿Qué pensará mi maestro? ¿Cómo reaccionarán mis hermanos en el Dharma? ¿Y la gente del pueblo?».

El novicio Kinh Tam finalmente concluyó: «Tal vez debería bajar y reunirme con Thi Mau para recomendarle que sea valiente, que confiese a sus padres el nombre del verdadero padre y que le lleve el niño a él». Kinh Tam salió del campanario mientras invocaba el nombre de Buda en silencio. El novicio confiaba mucho en la energía de la bondad encarnada en Buda. Sin duda, su sabiduría podía ser una guía en ese momento difícil. El novicio pretendía usar palabras amables y bondadosas para aconsejar a Thi Mau, para ayudarla a considerar una forma más adecuada de gestionar esta situación. Pero cuando el novicio salió del campanario, Thi Mau ya había huido, alejándose ladera abajo. Atravesó las puertas del templo como una flecha y desapareció en las colinas pobladas de árboles de hoja perenne. En ese momento, el recién nacido —envuelto en varias capas de tejido de algodón blanco, y abandonado en la escalera que conducía al campanario— estalló en un llanto desgarrador.

Kinh Tam se apresuró a recoger al bebé. Desde lo más profundo de su ser, el novicio sintió cómo brotaba un nuevo amor. El instinto de protección surgió como una poderosa fuente de energía. «Nadie se preocupa por este niño y no hay nadie que lo cuide. Su padre no lo reconoce y su madre acaba de abandonarlo. Sus abuelos paternos ni siquiera saben de su existencia en la Tierra. Si no me encargo de él, ¿quién lo hará? —pensó el novicio—. Afirmo ser un monje, una persona que se esfuerza en ser compasiva, así que ¿tengo acaso derecho o corazón para abandonar a este niño?» El novicio sintió afianzarse su firmeza. «¡Que murmuren, que sospechen de mí, que me maldigan! El recién nacido necesita a alguien que lo críe y se ocupe de él. Si no lo hago yo, ¿quién lo hará?»

Con las lágrimas aflorando a sus ojos, Kinh Tam abrazó y acunó amorosamente al bebé. El corazón del novicio se vio inundado por una gran tristeza y por el dulce néctar de la compasión. Kinh Tam advirtió que el bebé tenía hambre y pensó inmediatamente en el tío y la tía Han («Rareza»), una pareja que vivía en el pueblo, más allá de la colina en la que se alzaba el templo. La tía Han había dado a luz a un bebé hacía apenas dos semanas. Ahora lo más importante era llevar al bebé al pueblo y pedir que lo amamantaran. El tío y la tía Han acudían regularmente a los servicios del templo y mantenían una relación amistosa con todos los novicios. Sin duda la buena mujer aceptaría compartir su leche para alimentar a este desafortunado niño.

Kinh Tam ciñó las capas de algodón para que el bebé se sintiera arropado. A continuación cruzó la puerta con el bebé y bajó el sendero que llevaba al pueblo, atento a cada paso y a cada respiración.

«Mañana por la mañana, mi maestro y mis dos hermanos en el Dharma indudablemente me cuestionarán por haber recogido al bebé —reflexionó el novicio en silencio—. Y yo responderé: "Querido maestro, me has enseñado que el mérito que puede obtenerse al construir un templo de nueve pisos de alto no puede compararse con el de salvar la vida de una persona. Tomándome en serio tu consejo, he decidido criar a este niño. Querido maestro, queridos hermanos en el Dharma, os pido que tengáis compasión. El niño ha sido desatendido, y rechazado por todos. Thi Mau lo abandonó en los escalones que conducen al campanario la tarde pasada y se marchó sin pronunciar palabra. De no haberlo recogido y cuidado, el niño habría muerto".

»"Reverencia a Avalokiteshvara, el *bodhisattva* que

brinda su ayuda en las crisis más desesperadas." Todos los que llegan al templo recitan estos versos con mucha devoción. Todos necesitamos refugiarnos en el *bodhisattva* de la gran compasión y la bondad. Sin embargo, muy pocos de nosotros practicamos el cultivo y la ofrenda de la gran compasión y la bondad en nuestras vidas cotidianas —siguió reflexionando el novicio—. Soy un discípulo de Buda y de los *bodhisattvas*; he de practicar de acuerdo con sus recomendaciones. Debo ser capaz de cultivar y encarnar las energías de la gran compasión y la bondad que habitan en mi interior.»

En aquella época, aunque Kinh Tam sólo tenía veinticuatro años, ya había sido víctima de una gran injusticia en dos ocasiones. Primero fue acusado de intentar matar a otra persona. La segunda vez se dijo que había transgredido los votos monásticos al dormir con Mau, la hija de la familia más rica del pueblo, y dejarla embarazada. Dos ejemplos de una enorme injusticia. Pero Kinh Tam podía soportarlo, porque el novicio conocía la práctica de la tolerancia (magnanimidad) y había aprendido el modo de cultivar la bondad y la compasión.

De hecho, el novicio no era un muchacho. En realidad Kinh Tam era hija de la familia Ly («Ciruelo»), originarios de otra provincia. Sus padres la habían llamado Kinh («Reverencia»). Kinh se disfrazó de muchacho para ser ordenado, tan intenso era su deseo de vivir la vida monástica. El budismo había llegado a Giao Chau, el antiguo nombre de lo que ahora es Vietnam, unos doscientos años antes, y los templos sólo recibían a hombres para su ordenación.

Kinh había oído que, hace mucho tiempo, en India, existieron numerosos templos en los que las mujeres podían ser monjas budistas. A menudo se preguntaba: «¿Hasta cuándo tendremos que esperar antes de disponer de un templo para monjas en este país?».

Fue al templo de la Nube del Dharma, uno de los más bellos de su país, para ordenarse y vivir la vida monástica. El templo se encontraba en el distrito de Giao Chi, a seis días de viaje desde su aldea natal en el distrito de Cuu Chan. Kinh ocultó a sus padres que practicaba en el templo de la Nube del Dharma. Era consciente de que si llegaban a conocer su ordenación y paradero, intervendrían y le suplicarían que regresara a casa.

El mero hecho de que el maestro descubriera que era una chica disfrazada bastaría para expulsarla del templo. Y si no le era posible continuar la vida monástica, el sufrimiento sería demasiado insoportable.

Desde su más temprana infancia, Kinh había sido un poco muchachote, y siempre había preferido los juegos de los chicos. Sus padres la vestían con ropa de chico. Cuando creció, recibieron permiso para que Kinh asistiera a una escuela clásica china para muchachos dirigida por el profesor del pueblo, llamado Bai («Posición del arco»). Kinh estudió mucho y obtuvo mejores notas que muchos de sus compañeros de la clase.

Kinh era educada, serena y sociable, pero no era pusilánime. Se negaba a disculparse si consideraba que no había cometido una falta, aun cuando se lo pidieran sus padres o su profesor. Unía respetuosamente las manos y razonaba: «No puedo disculparme porque no he hecho nada malo».

Algunos observaron que Kinh era obstinada. Tal vez lo era, pero ¿qué podía hacer ella respecto a su manera de ser? Al mismo tiempo, Kinh era hija única, muy querida y, sí, un tanto consentida por sus padres. Algo que, no obstante, cambió cuando a los siete años su madre dio a luz a su hermanito, al que llamaron Chau («Joya»).

La extraordinaria belleza e inteligencia de Kinh Tam resultaba evidente a ojos de todos los que la conocían; tanto que, al cumplir dieciséis años, muchas familias ofrecieron a sus hijos en matrimonio. Sus padres los rechazaron a todos, en parte porque esas familias no disfrutaban de su mismo estatus social, pero también porque no estaban preparados para dejar marchar a su hija. Sin embargo, cuando llegó una oferta de los padres de Thien Si («Gran sabio»), los padres de Kinh dejaron de lado sus dudas y aceptaron que Thien Si era hijo de la familia Dao. En aquel momento cursaba estudios en la Universidad de Dai Tap y se le consideraba un estudiante excelente. Los padres de Thien Si gozaban de un gran prestigio en el distrito, y su linaje se remontaba muchos siglos en el pasado.

Kinh tenía diecinueve años y creía que era demasiado joven para casarse. Se había graduado en la escuela Tieu Tap y la habían aceptado en la Universidad de Dai Tap, pero sus padres le prohibieron asistir. El papel de una mujer consistía en casarse y formar una familia, y los padres de Kinh no deseaban enviarla fuera a continuar sus estudios.

Sin muchas opciones, Kinh se resignó a seguir su educación en casa, como autodidacta. Leyó los *Cuatro libros* y los *Cinco clásicos* confucianos, y también tuvo acceso a libros religiosos. La mayor fortuna de su vida fue la oportunidad de leer los sutras de Buda. Leyó *El sutra de los cuarenta y dos capítulos*, *El Prajnaparamita en ochocientas líneas*, *La colección de las seis Paramitas* del maestro zen Tang Hoi, y *Disipar las dudas* de Mouzi.

El profesor Bai estaba muy interesado en el budismo, y fue él quien prestó esos libros y sutras a Kinh. En una ocasión incluso le permitió visitar su casa y servir el té a tres monjes budistas a los que había invitado para ofrecerles la comida del mediodía, donaciones y otros artículos básicos. En su primer encuentro con los monjes, Kinh se quedó boquiabierta. Llevaban unas sencillas túnicas de color dorado y sus cabezas estaban completamente afeitadas. Sus modales eran amables, serenos y relajados, y sus voces transmitían una gran compasión. Kinh deseó profundamente poder llevar ese tipo de vida. Pero sabía que no podría cumplir este sueño, porque en su país los templos para monjas simplemente no existían.

Mientras leía el sutra de las seis perfecciones, a menudo Kinh se conmovía hasta las lágrimas. Conoció la vida de Buda y su práctica de las seis perfecciones: la generosidad, el cultivo de la atención plena, la tolerancia (magnanimidad), el esfuerzo, la meditación y la sabiduría. La vida monástica le atraía mucho. Descubrió que el corazón de un monje estaba inundado con la abundante energía del amor, la compasión, la tolerancia y el esfuerzo. Lamentó no haber nacido chico y así poder seguir ese hermoso camino vital.

Y ahora los padres de Kinh habían aceptado la propuesta de matrimonio de los padres de Thien Si. Las muchachas crecían y, por fin, tenían que casarse. Así eran las cosas en aquellos tiempos. ¿Cómo podía enfrentarse a una tradición tan arraigada? Esperaba que Thien Si fuera de trato fácil y no se opusiera a su anhelo de conocimiento y su deseo de practicar el budismo.

Y así, en la siguiente primavera, una Kinh de veinte años se casó y pasó a formar parte de la familia Dao. Thien Si era un joven inteligente, amable y estudioso. Pero también era un tanto hipersensible, tendía a darse muchos caprichos y no era muy fuerte ni estable mentalmente. En no pocas ocasiones Kinh lo animaba con amabilidad a levantarse, comer, dormir y estudiar con más regularidad, pero a menudo él era incapaz de hacerlo, por mucho que lo intentara, incluso para complacerla. Poco a poco sus suegros empezaron a observar con recelo cómo Thien Si pasaba cada vez más tiempo en un ocio abúlico en compañía de su esposa. Kinh hizo cuanto pudo para ser la nuera ideal, como su madre le había enseñado, esto es: la última en acostarse, la primera en levantarse, atendiendo a todos los quehaceres domésticos, ofreciendo los cuidados más solícitos a los padres de su marido. No había nada en absoluto por lo que los padres de Thien Si pudieran criticarla, pero sentían que ella les había robado el afecto de su único hijo, y abrigaban unos amargos celos por esa razón. En cuanto a Thien Si, parecía vivir menos como una persona autónoma que como la sombra de otro.

2

HUMILLACIÓN

Una noche, mientras Kinh llevaba a cabo unos remiendos, Thien Si estaba cerca de ella, estudiando. Era muy entrada la noche, pero había seguido leyendo, y acabó por dormirse junto a su esposa. Mientras lo observaba, Kinh vio cómo algunos pelos de su barba crecían en dirección contraria al resto. Con la intención de arreglarlo, alzó las tijeras de coser.

Por desgracia, Thien Si despertó justo en ese momento y, con la mente aún confundida y medio embotado por el sueño, vio a Kinh acercar las afiladas tijeras hacia su cuello y creyó que se disponía a matarlo. Aterrado, gritó pidiendo ayuda. Sus padres, aún despiertos en el dormitorio contiguo, acudieron a la carrera.

—¿Qué sucede? —gritaron.

Thien Si relató cómo al despertar vio las tijeras junto a su cuello. La ira de sus padres no tardó en estallar. Acusaron a Kinh de intentar matar a su marido, y se negaron de plano a escuchar sus súplicas reclamando justicia.

—¡Por todos los demonios! ¿Por qué hemos traído este incordio a la familia? Es una nuera descarada, coqueta, lasciva, una mujer perversa que pretende asesinar a su marido para estar con otro hombre! —gritó la anciana.

Kinh se volvió hacia su marido, suplicándole fervientemente que rebatiera las falsas acusaciones de sus padres. Pero Thien Si, abrumado por un estado de trauma absoluto, fue incapaz de decir nada. Rompió a llorar como un hombre que ha perdido la cordura. Thien Si era incapaz de controlar la situación. Se quedó inmóvil, como una víctima miserable, totalmente incapaz de la menor respuesta.

A la mañana siguiente, los padres de Thien Si enviaron a un criado para hacer venir a los padres de Kinh. Realmente estaban furiosos.

—No queremos a vuestra hija en nuestra familia. Por suerte, Thien Si despertó a tiempo o habría perdido la vida. Las jóvenes de hoy son tan engañosas... Su apariencia exterior parece amable y bondadosa, pero en su interior son hostiles y maliciosas. ¡Quién sabe, a lo mejor se ha enamorado de otro joven! Os la devolvemos. Nuestra familia no tiene la suficiente «buena fortuna» como para mantener esta carga por más tiempo.

Los padres de Kinh observaron a su hija. Sólo entonces Kinh Tam tuvo la oportunidad de explicar lo que había ocurrido. Su voz era firme y llena de respeto.

El padre de Kinh se volvió hacia los padres de Thien Si y dijo:

—No soy capaz de imaginarme que mi hija sea una asesina. Los dos la habéis acusado injustamente. Nuestra hija es la más bondadosa de las personas.

La madre de Thien Si frunció los labios, negándose a creer en la explicación de Kinh, e insistió en que la joven abandonara su casa.

La madre de Kinh instó dulcemente a su hija:

—¡Has cometido un estúpido error! Inclínate ante tus suegros y tu marido y pide su perdón.

Kinh se negó.

—No he hecho nada estúpido —respondió cortésmente—. Sólo quería recortar los pelos rebeldes de la barba de mi marido. No tenía intención de matar a nadie. Si hubiera cometido una falta, me apresuraría a hacer una reverencia y excusarme. Pero sé con toda certeza que no he hecho nada malo, por lo tanto no puedo hacer lo que me pides.

Y así fue como Kinh regresó a casa de sus padres. Al marcharse, no hizo una profunda reverencia, sólo inclinó levemente la cabeza hacia todos los presentes. Thien Si permaneció en silencio como una estatua, y no mostró reacción alguna.

Kinh sabía que sus padres estaban descontentos, no

sólo por el abrupto final de su vida matrimonial, sino también por el escándalo ocasionado. Personalmente, Kinh no se sentía muy triste. Tampoco sentía ira hacia Thien Si o sus padres, sino que estaba más bien desencantada por la forma en que la gente interactuaba habitualmente. Al parecer, las personas siempre permitían que la envidia, la tristeza, la ira o el orgullo determinaran su comportamiento. Los malentendidos y las percepciones erróneas respecto a los demás provocaban un gran sufrimiento.

En su vida de casada, durante el último año, Kinh había experimentado sólo unos pocos momentos de alegría y muchos de dificultad. Thien Si realmente no sabía cómo vivir su vida. Sólo pensaba en los exámenes y en convertirse en funcionario del gobierno. No sabía valorar el don de vivir con sus seres queridos. Para él, la literatura y los estudios académicos sólo eran medios para medrar en la sociedad y no fuentes de felicidad vital en sí mismos. En muchas ocasiones Kinh había iniciado conversaciones centradas en la literatura y otras materias, pero él sólo estaba interesado en el respeto que podía obtener a través de sus estudios y no en el valor inherente que emanaba de ellos. En especial le disgustaban las conversaciones sobre taoísmo y budismo. En su opinión sólo existía una disciplina que merecía llamarse religión: el confucianismo.

Una vez en la casa, Kinh se sintió más relajada y

alegre. Además de cuidar de sus padres, la joven se centró en estudiar budismo y en supervisar los estudios de su hermano menor, Chau. Pasaba todo su tiempo libre aprendiendo a practicar la meditación sentada y la meditación en movimiento.

Visitaba frecuentemente a su antiguo profesor, Bai, para profundizar en el budismo; y éste vio en ella a una verdadera amiga. De todas las personas de su distrito, Kinh era la única cuyo interés en aprender y practicar el budismo era comparable al de Bai; por lo cual, el profesor le habló de los grandes templos que había en el país y de las escrituras que circulaban por ellos, también de varios templos donde cientos de monjes vivían juntos para practicar y estudiar. Al escucharlo, el profundo anhelo de Kinh se reavivó. «¡Si fuera hombre, definitivamente me haría monje», pensaba.

3

AVANZANDO HACIA LA LIBERTAD

Una mañana, Kinh despertó muy temprano. Incapaz de reprimir por más tiempo su profundo deseo de llevar una vida monástica, escribió una carta a sus padres pidiéndoles permiso para iniciar un viaje de aprendizaje, prometiendo regresar tras cinco años de búsqueda. Entonces se disfrazó de joven, con un aspecto de estudiante ilusionado y un hato con sus escasas posesiones colgado al hombro, y partió sin saber adónde la llevarían sus pasos.

Siete días más tarde llegó al templo de la Nube del Dharma en el distrito de Giao Chi. El hermoso paisaje que circundaba el templo era pacífico y relajante. El abad enseñaba a un público compuesto por unas trescientas personas. Todos escuchaban atentamente y con mucho respeto mientras él hablaba de los cuatro factores del amor verdadero (también conocido como las Cuatro Mentes Inconmensurables): bondad, compasión, alegría y ecuanimidad.

El joven estudiante llegó al inicio del sermón, que escuchó con entusiasmo. Poco después, cuando éste concluyó y todos se marcharon a casa, Kinh pidió permiso para consultar al reverendo maestro. Inclinándose profundamente tres veces, el estudiante se presentó y pidió ser ordenado como discípulo monástico.

El anciano abad miró a Kinh en silencio durante un largo rato y luego preguntó sosegadamente:

—¿De dónde vienes, hijo? ¿Cuáles son tus razones para abandonar tu hogar y tu familia y convertirte en monje?

Con las palmas de las manos unidas, el joven estudiante respondió respetuosamente:

—Reverendo maestro, el nombre de mi familia es Ly y provengo del distrito de Cuu Chan. Inicié mis estudios a una edad temprana; pero he comprendido que la vida es impermanente. No encuentro felicidad o interés en convertirme en erudito o ser nombrado ministro o consejero del rey. Tampoco hallo felicidad en la vida matrimonial.

El estudiante continuó:

—En muchas ocasiones el profesor de mi pueblo me habló del camino de la liberación y me entregó algunos libros sobre las enseñanzas budistas para proseguir mis estudios. También tuve la suerte de conocer a monjes. Observar su conducta libre y relajada y escuchar sus enseñanzas sobre la liberación me conmovió profundamente. Durante mucho tiempo he soñado con convertirme en monje. Mi viaje me ha traído a este distrito; ¡y tras escuchar sus enseñanzas siento una enorme apertura en la mente y en el corazón! Inclino respetuosamente la cabeza, apelando a su inmensa generosidad para que me acepte como discípulo monástico. Prometo practicar con diligencia y en el futuro poder ayudar a los que sufren.

El abad del templo de la Nube del Dharma asintió pausadamente.

—Al escucharte resulta evidente que tienes el buen corazón de un monje. Provienes de una buena familia y posees unos cimientos educativos sólidos, el porte refinado de un estudiante y un futuro prometedor por delante. Otra persona en tu posición indudablemente no pensaría en renunciar a todo eso para convertirse en monje. Pero como las enseñanzas de Buda te han abierto los ojos a edad temprana, tengo la ferviente esperanza de que serás capaz de cumplir el profundo voto de aquel que tiene una mente despierta, una mente de amor. Puedes venir a practicar a mi templo como novicio en formación durante un período de prueba de tres meses.

El abad llamó a los dos novicios que en aquel momento practicaban en el templo de la Nube del Dharma y les presentó a Kinh. El discípulo mayor, Chi Tam («Corazón de Aspiración»), tenía veintiséis años y había sido novicio durante ocho. Era alto y tenía unos ojos brillantes bajo un par de cejas pobladas. Su modo de andar era comparable al de un oso pardo; reflejaba una poderosa fuerza bien contenida. El segundo novicio, Thanh Tam («Corazón Sincero») tenía veinticuatro años y había practicado durante cuatro. Aunque su porte era esbelto, rebosaba salud y fortaleza. Tenía un rostro de facciones bien proporcionadas, y sus sonrisas siempre eran refrescantes. El abad ordenó a los dos novicios que ayudaran al joven estudiante a instalarse y orientarse en la forma de vida del monasterio. Kinh tuvo mucha suerte al serle concedida una pequeña habitación individual en la esquina de la sala oeste.

En los pocos meses de adiestramiento, Kinh practicó con mucho esmero y cumplió a la perfección con las tareas que le encomendaron. El joven estudiante fue capaz de memorizar y ejecutar el canto de la mañana y el de la noche con gran fluidez después de estudiar y practicar solo durante un par de semanas. Kinh ató algunas hojas de papel para confeccionar un libro en el que copiar los diez votos y las prácticas de atención plena de los novicios. La caligrafía de Kinh con el pincel era tan exquisita que recibió muchas alabanzas de los monjes de más edad, Chi Tam y Thanh Tam. Como conocía bien la materia, Kinh participaba con sus comentarios en las conversaciones acerca de las enseñanzas; ello contribuyó a que fuera muy respetado por los hermanos mayores y el abad. Sin embargo, Kinh siempre adoptaba una actitud muy humilde.

Todas las tareas del templo —transportar agua, cortar madera, preparar las verduras, cocinar, limpiar, cuidar del salón de Buda y atender al abad— eran cumplidas por Kinh meticulosa e incondicionalmente. Asimismo, los hermanos mayores cuidaban del nuevo estudiante. El hermano Chi Tam, consciente de que Kinh tenía la ligera constitución física de un erudito, cargaba con el trabajo que requería más fuerza. El hermano Thanh Tam también era amable y se ofrecía a ayudar a Kinh en todas las tareas. Los dos manifestaban un profundo deseo de estar cerca de Kinh, tanto en el trabajo como en el estudio o la conversación, porque ambos lo consideraban dulce, amable, inteligente y virtuoso. Pero Kinh siempre mantenía una distancia respetuosa y amigable.

Tres meses más tarde, durante la conmemoración anual del nacimiento de Buda, Kinh fue ordenado formalmente, asumiendo los diez votos y la cabeza afeitada de los novicios. Así pues, con el cráneo rapado y vestido con el hábito dorado oscuro de los monjes, el recién ordenado novicio manifestó la profunda belleza de la vida monástica, irradiando esplendor y frescura. El abad otorgó al nuevo novicio el nombre del Dharma Kinh Tam («Corazón Reverente»). Este nombre era muy significativo y también apropiado, pues Kinh Tam albergaba una gran reverencia hacia Buda, los patriarcas espirituales y todos los demás seres, incluyendo los que habitan los reinos animal, vegetal e incluso mineral. Al observarla profundamente, el novicio descubrió que toda vida es maravillosa y sagrada, incluso el sufrimiento de los seres humanos. Esta comprensión le inspiraba el impulso de inclinarse reverentemente ante todas las cosas. Desde que Kinh Tam fue ordenado, el templo de la Nube del Dharma pareció iluminarse, y los jóvenes del pueblo y de otras localidades cercanas visitaban el sitio con mayor frecuencia. El novicio Kinh Tam era como un loto recién florecido en un estanque donde jamás habían eclosionado estas flores.

Kinh Tam poseía una bonita voz para el canto y había asumido la tarea de hacer repicar la gran campana cada mañana. El novicio recitaba melodiosamente los poéticos versos que acompañaban el repicar de la campana:

Que el sonido de esta campana penetre profundamente
en el cosmos.
Aun en los lugares más oscuros, que los seres vivos la oigan
claramente
para que la comprensión inunde sus corazones,
y sin muchas penalidades, trasciendan
el ciclo del nacimiento y la muerte.

O también:

Al oír la campana siento cómo las aflicciones en mi interior
empiezan a disolverse.
Mi mente alcanza la calma, mi cuerpo se relaja y
una sonrisa brota en mis labios.
Siguiendo el sonido de la campana, mi respiración me guía
de regreso a la isla segura de la atención plena.
En el jardín de mi corazón, la flor de la paz
florece hermosamente.

En los debates sobre el Dharma, un período de tiempo asignado para profundizar en las enseñanzas, el novicio Kinh Tam compartía su profundo conocimiento de las escrituras. Los hermanos mayores, que acumulaban más años de práctica, escuchaban atentamente y descubrían que podían aprender mucho de lo que el novicio Kinh Tam tenía para compartir. En una ocasión, el propio abad alabó al novicio. El hermano Chi Tam tuvo que admitir que, aunque su propia escritura en caracteres chinos era bella, la del hermano Kinh Tam era indiscutiblemente más vivaz. A veces el hermano Thanh Tam pedía a Kinh Tam que le explicara los pasajes más difíciles del *Sutra de los cuarenta y dos capítulos*, como «Practica la no práctica, haz lo que no puede hacerse».

Después de leer la *Colección de las seis Paramitas* del maestro Tang Hoi, el novicio Kinh Tam ya estaba muy versado en los actos y profundas aspiraciones de Buda Sakyamuni y sus vidas pasadas. A menudo el novicio volvía a contar esas historias a los monjes novicios de más edad, compartiendo con ellos los loables actos de Buda en vidas pasadas y en su existencia como Siddhartha Gautama. Cuando los aldeanos, en especial los jóvenes, acudían al templo, tenían la oportunidad de encontrarse con los tres novicios, y a menudo Kinh Tam les ofrecía enseñanzas sobre el Dharma.

4

DELIRIO

Thi Mau («Maravillosa») era una joven doncella, la hija de la familia más rica del pueblo. Con frecuencia visitaba el monasterio con su madre para ofrecer incienso y prosternarse ante Buda. La primera vez que vio al novicio Kinh Tam, Mau quedó sorprendida. ¿Cómo podía alguien ser tan elegante y gentil, con un rostro tan vívido y deslumbrante? Aunque Kinh Tam llevaba la cabeza afeitada y vestía la humilde túnica monástica, el novicio tenía un aspecto muy refinado. Durante su vida laica, a Kinh Tam se le atribuía una belleza exquisita y unos modales cultivados; sin embargo, increíblemente, tras afeitarse la cabeza y tomar los votos, su belleza se multiplicó. Desde la perspectiva de Mau, sus ojos brillaban más, su complexión era más lozana, y la pureza y la bondad emanaban de su rostro radiante. Una persona infeliz no podría exhibir jamás una sonrisa tan espontánea, un rostro tan puro, unos ojos tan risueños. Todos los que miraban a Kinh Tam se sentían inmediatamente reconfortados e inspirados. Y así fue como la joven doncella Mau se enamoró del novicio.

Por desgracia, el amor de Mau pronto se convirtió en un anhelo obsesivo. Al regresar a casa después de visitar el templo de la Nube del Dharma, Mau padecía muchas noches de insomnio. Vivía constantemente obsesionada por la belleza del novicio; ¿era ésa la razón por la que pensaba en él y lo amaba en secreto? Verdaderamente no podía ser sólo por eso. Había conocido a muchos jóvenes guapos y nunca había reaccionado así. Entre los numerosos jóvenes que le habían presentado propuestas de matrimonio a través de sus padres, muchos eran bastante atractivos, pero Mau no había experimentado este tipo de anhelo hacia ninguno de ellos. Mau era incapaz de resistirse a este extraño amor. Sabía que Kinh Tam era un monje y que debía dejarlo en paz, pero, sencillamente, no podía suprimir el deseo que sentía hacia él.

Al pertenecer a una familia rica y estar dotada de gran belleza, Mau tendía a ser un tanto vanidosa. Era muy difícil obtener una invitación para conocerla. Si alguien no le gustaba, se negaba en redondo a verlo. Jamás imaginó que habría alguien que no quisiera reunirse con ella y conocerla. Sin embargo, en esta ocasión, las proposiciones de Mau fueron rechazadas. Ardía en deseos de ver y estar con Kinh Tam, pero el novicio siempre encontraba diversas razones para evitar estar con ella. Y no porque le disgustara la joven. Kinh Tam estaba plenamente comprometido con la observancia de los preceptos y buenas costumbres de los monjes novicios, que incluían no entablar amistad ni conversar con mujeres en lugares apartados.

A medida que pasaba el tiempo, Mau solía cruzarse en el camino del novicio, tanto en el templo como en los polvorientos senderos que bajaban al pueblo. Kinh Tam siempre aducía una u otra excusa para no iniciar una conversación privada con ella. El novicio le había dicho que era bienvenida a unirse a otros jóvenes, hombres y mujeres, que a menudo acudían al templo para escuchar y aprender el Dharma. Pero lo que Mau soñaba era poder estar a solas con él y declararle su amor.

Pronto Kinh Tam fue consciente del propósito de Mau. Después de todo, la chica no dominaba precisamente el arte de la sutileza. El novicio se desviaba de su camino para evitar la posibilidad de acabar en una situación a todas luces imposible. El deseo más profundo del novicio era continuar con sus prácticas de monje. Este tipo de deseo se conoce como *bodhicitta*, la mente de los *bodhisattvas* o seres despiertos: la mente del amor. Es un amor que contiene el espíritu de la bondad, la compasión, la alegría y la ecuanimidad; no es un tipo de amor sentimental, trágico, obsesivo o sensual. Amar, según las enseñanzas de Buda, es manifestar compasión y aliviar las desgracias de quienes sufren, desgracias debidas a los deseos sensuales, el odio, la ignorancia, la envidia, la arrogancia y la duda.

Mau amaba al novicio. Pero el hecho de que Kinh Tam no la buscara, no suplicara su especial atención, no mostrara ninguna señal de desearla, hería profundamente su orgullo. Nunca antes ningún joven la había tratado de esa forma. Todos sus pretendientes estaban dispuestos a perseguirla y coquetear con ella, mendigando las más ínfimas migajas de su cariño. El comportamiento del novicio Kinh Tam era tan puro y noble que ni el prestigio de su familia, ni su belleza, ni su riqueza podían someterlo a su voluntad. Así que empezó a sentir rencor hacia el novicio, a pesar de seguir anhelando su abrazo.

Era la noche de luna llena del noveno mes lunar. El satélite brillaba más rutilante que nunca. Mau estaba sola en casa, pues sus padres aún no habían regresado del servicio conmemorativo anual consagrado a sus abuelos maternos. La profunda noche de otoño era fría e inhóspita. Mau no podía soportar la amarga soledad que invadía todo su ser. Esa mañana, muy temprano, había acudido al templo para ofrecer incienso, acompañada por un joven criado llamado Thuong, que transportaba diversos paquetes con las ofrendas. Mau pidió al novicio Thanh Tam que transmitiera el mensaje de que deseaba reunirse en privado con Kinh Tam, pues tenía muchas preguntas que plantearle. Pero el joven novicio pidió a su hermano mayor que le dijera que tenía demasiadas tareas que cumplir en el salón de meditación y que no tenía tiempo para reunirse con ella.

Humillada e iracunda, regresó a casa; ni siquiera se quedó, como solía hacer, a escuchar las enseñanzas del abad. Sentada en la terraza, junto a los arbustos de té, Mau rompió a llorar, ocultando el rostro entre sus manos. Pensó en Kinh Tam, anhelando que él la tomara entre sus brazos. El cielo estaba despejado, la luna brillaba intensamente, pero el corazón de Mau estaba completamente desolado.

De pronto, la muchacha advirtió la presencia de alguien. Una sombra apareció en el patio iluminado por la luz de la luna. Reconoció a Thuong, el criado de la familia. Thuong la miraba con lástima. Mau parecía examinar a Thuong como si viera al novicio en su lugar. Alzó ambos brazos e hizo señales para que se acercara. Lo atrajo junto a sí y a continuación llevó al criado a su dormitorio. Mau se encontraba en un estado de delirio, completamente abrumada por la fuerza de su anhelo sensual, su abatimiento y su orgullo herido.

Mau llevó a Thuong a su cama y dejó que la naturaleza siguiera su curso, mientras imaginaba que estaba con Kinh Tam. Abrazó apasionadamente al novicio imaginario y lo besó ardientemente, como si estuviera poseída.

Todo el episodio duró apenas cinco minutos. Inmediatamente después, Mau golpeó reiteradamente a Thuong y lo expulsó de su habitación. Cubriéndose la cabeza con las manos, el criado huyó, consciente de que había cometido un error fatal. Sin duda sería condenado a muerte si su amo llegaba a conocer este incidente; y sus padres, que vivían en el campo, también se verían implicados. En cuanto a Mau, vivió los días siguientes en un estado de agonía, atrapada entre el terror y el remordimiento.

Una mañana, Mau despertó con una sensación de gran incomodidad física; y a partir de varios indicios cayó en la cuenta de que estaba embarazada. Su temor adquirió una intensidad pavorosa. Se preocupó por sí misma, por sus padres y por Thuong. Ahora los cuatro serían víctimas de su obsesión, sus deseos sensuales, su orgullo herido y su deseo de venganza. Tras confirmar que estaba embarazada, Mau hizo algunos arreglos para conseguir una gran suma de dinero. Se la entregó a Thuong y le pidió que huyera del país y no regresara nunca, ni siquiera al hogar de sus padres en Nhat Nam. Era muy consciente del carácter violento de su padre. Sin duda haría la vida imposible a los padres de Thuong.

Con lágrimas en los ojos, el joven Thuong tomó el dinero y partió ese mismo día. Algunos meses después, los padres de Mau advirtieron los cambios en su cuerpo y supieron que había sucedido lo peor. Interrogaron a su hija para conocer los detalles, pero ella se negó rotundamente a responder. Estaba avergonzada. No podía reconocer la verdad, ni siquiera ante quienes le habían dado la vida. No podía decirles que se había acostado con un criado. Ella misma no podía aceptarlo, ni lo aceptarían las personas de su clase social. La pareja interrogó a su amada hija durante tres días y tres noches, pero Mau guardó silencio. Se limitó a decir que se sentía indispuesta, eso era todo. Al cuarto día, mientras los tres comían en el salón principal, el alguacil del pueblo pidió a Thi Mau —la disoluta joven que se había quedado embarazada fuera del matrimonio, la hija de la familia más rica de la clase alta— que se presentara en el ayuntamiento del pueblo y explicara sus actos, tras lo cual el consejo del pueblo proclamaría su sentencia.

La rica pareja se sintió avergonzada y humillada más allá de lo que podía expresar. Gozaban de un estatus elevado en el pueblo, y siempre se les ofrecían los asientos de honor y les servían los platos más deliciosos. Al encontrarse con ellos, todos tenían que inclinarse profundamente y desearles lo mejor. Pero ahora le exigían a su hija que respondiera por el crimen de haber quedado embarazada sin estar casada. ¿Cómo podrían volver a mirar a la cara a la gente del pueblo?

El padre de Mau acompañó y presentó a su hija al consejo del pueblo. Mirándolos a ambos, el presidente del consejo dijo:

—Thi Mau, querida niña, has cometido la estupidez de quedarte embarazada. Deberías contar lo que ha sucedido para que todo el pueblo lo sepa. Si dices la verdad, el consejo del pueblo dispondrá lo necesario para que te cases con ese hombre. ¡Sin embargo, si pronuncias siquiera la más ínfima de las mentiras, tu padre no podrá redimir tus actos ni siquiera pagando con nueve búfalos y treinta vacas!

El presidente clavó su mirada en Mau, y los otros miembros del consejo estudiaron su rostro atentamente. El padre de Mau también la observaba con la mirada fija. La muchacha evitó todas las miradas bajando los ojos y pensó: «No puedo decir la verdad. Si lo hago traeré una vergüenza inimaginable a mis padres y a todo mi linaje. Muchas familias de buena posición me han ofrecido propuestas de matrimonio. Las rechacé todas sólo para acabar acostándome con un criado. Aunque dijera la verdad, nadie me creería, sobre todo ahora que Thuong ha huido. ¿Por qué no digo que me acosté con el novicio Kinh Tam, el único a quien en verdad amo? El presidente del consejo ha prometido que, según las normas que rigen en el pueblo, me casaré con Kinh Tam si digo que es él...».

Cuando sus pensamientos alcanzaron este punto, Mau miró al presidente y dijo:

—He sido una estúpida. Me acosté con Kinh Tam, un novicio que practica en el templo de la Nube del

Dharma. Lo hice porque lo amo. No pude resistirme. Pido perdón a todo el pueblo y solicito vuestra ayuda para casarnos.

Todos los presentes lanzaron un grito de sorpresa. ¡Increíble! ¿Cómo era posible que un novicio tan recto como Kinh Tam cometiera un acto semejante?

—¿Dónde te acostaste con el novicio y concebiste este bebé? —preguntó el presidente

—Hace unos meses nos encontramos detrás del *stupa* del patriarca, en el templo. Eran casi las seis de la tarde —respondió Mau rápidamente.

El presidente se volvió e impartió una orden a los dos guardias presentes:

—Vosotros dos, presentaos en el templo y traed al venerable abad y al novicio Kinh Tam para que sean interrogados por el consejo del pueblo.

Antes de que hubiera transcurrido una hora llegó el abad del templo de la Nube del Dharma. El novicio Kinh Tam estaba con él. También se presentaron los novicios mayores, Chi Tam y Thanh Tam.

Tras invitar a tomar asiento al venerable abad, el presidente dirigió la mirada al novicio Kinh Tam y preguntó:

—Novicio, has tomado los votos monásticos y te has comprometido a llevar la vida célibe del monje. ¿Por qué los has transgredido acostándote con esta joven doncella y dejándola embarazada? —El presidente señaló a Mau y continuó—: Thi Mau lo ha contado todo al consejo. Novicio, si confiesas tu acto imprudente, el consejo mostrará clemencia permitiendo que abandones la vida monástica y te cases con Thi Mau. Pero si lo niegas y mientes deliberadamente, el consejo decretará el castigo pertinente en función de las leyes establecidas en el pueblo.

5

JUSTICIA INSOPORTABLE

En la más profunda intimidad del novicio surgió una gran desesperación. Kinh Tam jamás imaginó encontrarse en circunstancias semejantes. «No hace mucho —pensó Kinh Tam—, fui sometido a una atroz acusación, que era totalmente falsa. Ahora soy víctima de una segunda injusticia, quizá incluso más intolerable.»

Sin embargo, el novicio no dejó que la desesperación se apoderara de su ser. Kinh Tam guardó silencio, con las palmas de las manos unidas, los ojos cerrados, respirando con gran concentración. Entonces alzó la vista y se dirigió al presidente con voz sosegada:

—Respetado presidente, respetado consejo del pueblo, soy un monje, comprometido a observar rigurosamente los votos que he tomado. ¿Cómo ha podido ocurrir semejante transgresión? Mi señor Buda es mi testigo. Yo, el novicio Kinh Tam, afirmo que, desde el día de mi ordenación, jamás he transgredido mi voto de castidad con ninguna persona. Esta joven debe de haberme confundido con otro.

Las palabras pronunciadas por el novicio eran lógicas, transparentes y solemnes. El presidente pidió a Mau que respondiera. En un tono mordazmente afilado, Mau se limitó a repetir la historia que ya había contado y una vez más mantuvo los ojos bajos.

Pero el novicio Chi Tam fue incapaz de contener su temperamento furioso.

—Joven dama —gritó en voz alta—, no deberías acusar falsamente a mi hermano menor de semejante ofensa. A las seis nosotros tres entonamos el canto de la tarde. Desde su ordenación, el novicio Kinh Tam jamás ha faltado a una sesión del canto de la tarde. ¿Cómo podría haber estado contigo detrás del *stupa* del patriarca en ese mismo momento?

Enseguida, Mau rectificó su declaración:

—Tal vez no recuerdo la hora exacta. Tal vez fue antes de la sesión del canto de la tarde, entre las cuatro y las cinco.

Viendo la resolución de Mau, el presidente ordenó:

—Thi Mau ha confesado, pero el novicio Kinh Tam se niega a admitir su culpa. ¡Guardias! Colocadlo boca abajo en la estera y golpeadlo con el bastón de rafia. Veamos si este novicio deshonesto sigue negando su grave ofensa.

Dos guardias llevaron a Kinh Tam a la gran estera

de paja en el centro del patio y le extendieron los brazos y las piernas sobre ella. Uno de los guardias empezó a golpear a Kinh Tam repetidamente con el bastón de rafia; cada golpe sonaba duro y cortante.

—¡Golpeándolo así lo mataréis! —gritó el novicio Chi Tam; pero su grito no pudo detener al guardia.

Aunque Kinh Tam recibió siete dolorosos golpes, no dejó escapar ningún quejido.

—Kinh Tam, si de veras has sido tan estúpido, sin darte cuenta, deberías confesar sinceramente ante el consejo del pueblo —imploró compasivamente el abad a su estudiante—. Entonces quedarás limpio de tu acto equivocado y podrás empezar de nuevo, continuando tu práctica monástica. Haré lo posible para reunir el dinero para pagar la multa y una compensación para ti. Confiesa ahora, querido discípulo, o de otro modo te castigarán con renovados golpes que no podrás soportar. Tu fuerza y estatura son las de un estudiante; no eres tan fuerte como Chi Tam, tu hermano mayor.

El novicio Kinh Tam unió las palmas de sus manos y se volvió hacia el abad:

—Respetado maestro, no puedo decir que he transgredido los votos cuando no ha sido así. Por favor, respetado maestro, sé compasivo y acepta mi determinación de no ceder ante esta falsa acusación.

El presidente gritó una nueva orden al guardia para que propinara otros treinta golpes a Kinh Tam. La sangre empapó el atuendo monástico del novicio. A medida que proseguía el interrogatorio, el hermano Thanh Tam no pudo soportarlo más. Rompió a sollozar, cubriéndose el rostro con las dos manos.

De pronto, Thi Mau lanzó un grito. Se incorporó, caminó hacia la estera y rugió:

—¡Sigue golpeando, sigue alzando el bastón, no pares hasta que muera! ¿Y qué pasa conmigo? ¡Golpéame también! ¡Golpéame hasta matarme! —Thi Mau se desgarró los vestidos, se golpeó la cabeza y el pecho con las manos.

De pronto se oyó un profundo carraspeo, y una voz de barítono, profunda como el sonido de una enorme campana de latón, retumbó en el patio. Era la voz del abad del templo de la Nube del Dharma. El maestro zen se había incorporado y recitaba unos versos de meditación:

El río del apego se extiende miles de kilómetros.
Las olas del océano del sufrimiento se alzan miles de kilómetros hacia el cielo.
Para liberarnos del reino del samsara,
invoquemos el nombre de Buda con la concentración en un único punto.

Aquellas palabras fueron tan solemnes y poderosas que incluso el guardia detuvo su mano y miró al maestro zen. Todos los presentes contuvieron el aliento.

Tras concluir el recitado, el abad habló con sosiego:

—Respetado presidente, respetados miembros del consejo del pueblo, en esta confusión las partes implicadas tienen algunos dilemas que no pueden ser públicamente compartidos en este momento. Imploro al presidente y a los miembros del consejo que abran sus compasivos corazones y muestren clemencia permitiendo que me lleve al novicio Kinh Tam al templo para aconsejarlo y guiarlo. Creo sinceramente que Kinh Tam alberga el profundo propósito de perseverar en la vida monástica. En los últimos dos años jamás lo he visto transgredir ningún precepto, ninguna buena costumbre, por mínima que ésta fuera. Pido ser el garante del novicio, llevarlo al templo y, así lo espero, hallar la verdad en este asunto si se me concede más tiempo. Como antiguo monje que ha vivido en el templo de la Nube del Dharma durante cuarenta años, suplico al consejo del pueblo que acepte esta petición.

Las sabias palabras del abad hicieron que la mayoría de los miembros del consejo asintieran con la cabeza. El presidente levantó la sesión. El consejo decidió posponer la disputa por un período no especificado, y ni Kinh Tam ni Thi Mau tendrían que pagar multa alguna durante ese tiempo.

El abad pidió a los dos novicios mayores que ayudaran a Kinh Tam a regresar al templo.

Una vez allí, Kinh Tam pidió a sus dos hermanos

mayores que trajeran una gran tina de agua caliente y lo dejaran solo durante la noche. Ambos accedieron a la petición, aunque sentían una profunda compasión y querían ayudar a curar las heridas del monje por el que sentían tanto respeto.

Más tarde, cuando yacía en la cama, recuperándose, Kinh Tam oyó que llamaban a la puerta. Al preguntar quién era, oyó la voz del hermano mayor Thanh Tam, que había bajado al pueblo y adquirido algunas hierbas medicinales que aceleran la curación de las heridas. Kinh Tam pidió al hermano mayor que dejara el cuenco con el preparado medicinal delante de la puerta. Y, puesto que no estaba en condiciones de subir al campanario para llamar al canto de la tarde, pidió a Thanh Tam que se encargara de esa tarea aquella misma tarde y los días venideros.

6

AFILANDO LA ESPADA

Al despertar a la mañana siguiente, a pesar del ineludible dolor físico, Kinh Tam sintió una emoción extremadamente agradable que no había experimentado antes. Kinh Tam sintió la plenitud de la euforia.

El día anterior, el novicio se encontraba desgarrado entre dos posibilidades: revelar la verdad, que demostraría incuestionablemente su inocencia y pondría punto y final a toda sospecha e interrogatorio, o seguir manteniendo el secreto para poder continuar con la vida monástica. El novicio simplemente no tenía fuerzas para soportar más golpes. Kinh Tam había sentido un intolerable dolor que le atravesaba los huesos cada vez que el largo bastón de rafia descargaba sobre su cuerpo. El novicio se esforzó para soportar el dolor y no gritar o suplicar compasión.

Kinh Tam sabía que revelar la verdad pondría fin a la tortura física y corregiría la injusticia, pero también que esa verdad eliminaría la posibilidad de continuar en el templo. La felicidad de vivir esa vida era tan enorme que Kinh Tam no podía separarse de ella. Mejor soportar un dolor extremo y el desprecio público que perder el gozo de vivir como un monje.

«Me han acusado falsamente; me han injuriado y malinterpretado. Me han interrogado y castigado con violencia. Pero manteniéndome firme en mi ideal y mi verdadera felicidad he sido capaz de soportar con franqueza y generosidad tan flagrante injusticia». En la cama, el novicio sintió que lo inundaba una suerte de bendición. Kinh Tam advirtió que ese sentimiento alegre de libertad era el resultado de la práctica exitosa de la tolerancia: la generosidad.

Cinco días más tarde, y sintiéndose mucho mejor, Kinh Tam se atavió con la túnica *sanghati* ceremonial, de color azafrán, para inclinarse ante el abad. Aunque el novicio no había transgredido ningún voto ni cometido ofensa alguna, el respetado maestro zen había tenido que soportar rumores insidiosos por su causa. Tras haberse postrado y plegado la túnica *sanghati*, el abad pidió a su joven discípulo que se sentara. Los dos novicios mayores también estaban presentes.

—Según las noticias que tus dos hermanos mayores han traído, este incidente ha provocado una gran conmoción en el pueblo. Sólo unos pocos parecen mostrar algún tipo de comprensión o compasión hacia ti. La mayoría de los aldeanos tiende a creer en el testimonio de Thi Mau. Todos hablan de la acusación y se burlan de ella. Estamos en una situación penosa. Debes tener mucho cuidado, Kinh Tam.

El novicio Chi Tam unió las palmas de sus manos.

—Respetado maestro, quienes nos comprenden y creen en nosotros son aquellos que acuden regularmente a escuchar las enseñanzas y ayudar en el templo, y por eso se relacionan más con usted y con nosotros, los novicios. Practican el precepto laico contra los falsos testimonios, y aunque aún han de comprender las circunstancias y no crean que Kinh Tam sea completamente inocente, han evitado ridiculizar o decir algo irrespetuoso. Evidentemente, son muchas las personas imprudentes. Sienten inclinación a escuchar los cotilleos y difundir rumores. Algunos cuestionan por qué el abad no ha expulsado aún a Kinh Tam en lugar de permitir que una persona que ha infringido sus votos siga viviendo en el templo. Querido y respetado maestro, es cierto que nuestra comunidad conoce la desgracia. Creo que nosotros tres, novicios, debemos llevar a cabo el reconocimiento de nuestras faltas y practicar el nuevo inicio cada día, para fundirnos con la ilimitada sabiduría de la bondad, la compasión, la alegría y la ecuanimidad, a fin de reforzar nuestra resistencia y elevarnos por encima de esta calamidad.

El abad miró al novicio Kinh Tam.

—La sugerencia de tu hermano mayor es acertada. Aunque seas inocente y nunca hayas roto tus votos, deberías someterte a la práctica del reconocimiento de las propias faltas y empezar de nuevo cada día. Discípulos, yo también me uniré a vosotros en la práctica de la renovación. Practicaremos para limpiar completamente todo resto de pasadas y perniciosas acciones kármicas, para renovar todo nuestro ser y nuestros actos. No espero que ninguno de mis discípulos sea perfecto y jamás cometa errores. No, discípulos, aún no somos seres nobles, ni vosotros ni yo. Sólo os pido una cosa: una vez cometido un error, tenéis que aprender las lecciones que se derivan de él, y así no incurrir en él por segunda vez. Mientras actuéis así, siempre estaré junto a vosotros y os apoyaré, tanto si aún vivo como si he fallecido.

Profundamente conmovidos por las compasivas palabras del abad, los tres novicios se levantaron y se prosternaron tres veces en señal de gratitud a su querido maestro.

Más tarde, tras la sesión de canto, Kinh Tam volvió a inclinarse ante el abad y le pidió permiso para construir una choza de paja junto a las puertas del templo, para vivir en ella. Kinh Tam explicó que tal vez así podrían aplacarse las burlas que las lenguas acusadoras de los aldeanos dirigían al abad y al propio templo. Al principio el abad puso reparos, pero por último se ablandó al ver a Kinh Tam tan predispuesto y sincero en esta petición.

—Eres mi discípulo, mi hijo espiritual, y tengo fe en ti —le dijo—. Confío en que practicarás con diligencia para superar tus penas y las heridas internas que te haya provocado la injusticia. Tanto si has errado como si no, sigues siendo mi hijo espiritual, sigues siendo una prolongación de mí. Y haré cuanto pueda para apoyarte en el camino de tu práctica.

En las semanas siguientes, Kinh Tam trabajó con los dos novicios mayores para construir la choza de paja. En esos días llegó al templo un nuevo aspirante. El abad aceptó la petición de Man, un chico de siete años, de vivir en el templo y convertirse en estudiante. Man era hijo de Bac Hang, un pescador del pueblo vecino, y perdió a su madre a los tres años. Se le permitió llevar afeitada la cabeza, salvo un pequeño mechón, y vestir el hábito monástico *nhat binh*. El chico tenía un aspecto muy pintoresco con esa vestimenta. Man empezó a estudiar y memorizar los dos textos diarios de canto y ayudar a los novicios en las tareas cotidianas del jardín y de la cocina.

Por fin los novicios terminaron la choza de paja. Se alzaba más allá de las puertas, pero en un terreno que aún pertenecía al templo. Aunque Kinh Tam vivía en la choza, al novicio se le permitía entrar en el templo y participar junto al maestro y los hermanos mayores en todas las prácticas de canto y meditación, así como en las diversas tareas cotidianas. Aún era deber de Kinh Tam tocar la gran campana todas las tardes. Los dos hermanos mayores se sorprendieron mucho al no descubrir rastro de tristeza en el rostro del novicio ni oír ninguna palabra de reproche hacia nadie, aun cuando la gente seguía calumniándolo e injuriándolo. En un debate en torno a la práctica, Thanh Tam preguntó a Kinh Tam cómo era capaz de mantener una compostura tan tranquila y despreocupada.

—Gracias a que he aprendido y aplicado la práctica de la tolerancia puedo evitar caer en el sufrimiento y el reproche —respondió Kinh Tam—. Practicar la generosidad nos aparta de la orilla de las penalidades y nos acerca a la orilla de la libertad y la alegría. *Paramita*, como ya saben mis hermanos mayores, significa «cruzar a la otra orilla». Según *La colección de las seis Paramitas*, Buda nos enseñó:

Quienes están atrapados en el anhelo
no tienen la mente despejada,
lo que provoca que nos inflijan dolor y humillación.
Si somos capaces de perseverar generosamente,
nuestras mentes y corazones estarán en paz.
Quienes son autocomplacientes
no soportan la conducta moral,
lo que los lleva a injuriarnos y perjudicarnos.

Si somos capaces de perseverar generosamente,
nuestras mentes y corazones estarán en paz.
Los ingratos cuentan mentiras de nosotros.
Los jardines de su mente están sembrados con las semillas
de la venganza,
lo que los induce a tratarnos injusta y deslealmente.
Si somos capaces de perseverar generosamente,
nuestras mentes y corazones estarán en paz.

Kinh Tam citó entonces un fragmento de un sutra en el que Buda habla de echar un puñado de sal en un pequeño cuenco de agua. Esa agua será demasiado salada para que pueda beber un sediento. Sin embargo, si echamos el mismo puñado de sal a un río, la situación será completamente diferente. Aunque la cantidad de sal es la misma, el río no se torna salado porque es inmenso y el agua fluye constantemente, noche y día. Cualquiera que beba del río encontrará agua fresca y no percibirá el añadido del puñado de sal.

El novicio siguió diciendo:

—Cuando practicamos sinceramente la observación interior, tenemos la oportunidad de comprender y aceptar mejor. Nuestros corazones se abren naturalmente y se hacen vastos como los océanos y los ríos. Al comprender las penas y dificultades de los demás, somos capaces de aceptarlos y sentir compasión por ellos, aunque nos hayan causado dificultades, nos hayan tratado injustamente, hayan atraído el desastre sobre nosotros o nos hayan acosado injustamente. Debido al deseo, la venganza, la ignorancia y la envidia, las personas cometen numerosos errores y provocan un gran sufrimiento a sí mismos y a los demás. Si podemos comprender esto, no condenaremos a los demás ni nos sentiremos molestos. A medida que seamos más tolerantes, nuestras mentes y nuestros corazones estarán en paz.

Por último, el novicio Kinh Tam continuó:

—Ser magnánimo no significa suprimir el sufrimiento, ni tampoco apretar los dientes y soportarlo todo con resentimiento o incluso resignación. Estas reacciones no tienen que ver con la tolerancia o magnanimidad (*kshanti paramita*) y no pueden llevarnos a la otra orilla. Debemos practicar la observación profunda y la contemplación para comprender y cultivar la bondad, la compasión, la alegría y la ecuanimidad. Al cultivar la bondad ofrecemos felicidad; al alimentar la compasión, liberamos a los demás del sufrimiento; al practicar con diligencia reforzamos nuestra fuente de alegría interior; desarrollar la ecuanimidad nos ayuda a liberarnos del odio, los prejuicios y enredos. Cuando nuestro corazón está lleno de bondad, compasión, alegría y ecuanimidad, su capacidad se torna ilimitada, inconmensurable. Con un corazón tan amplio, inmenso como el vasto mar, el sufrimiento y las flagrantes injusticias no pueden vencernos, así como un pequeño puñado de sal no vuelve salado un gran río. Gracias a que he sido capaz de aprender y aplicar las Cuatro Mentes Inconmensurables, puedo seguir viviendo, profundizar en la práctica y hallar felicidad en la vida del monje.

Al escuchar las palabras de Kinh Tam, los novicios mayores sintieron una gran felicidad y admiración hacia su hermano menor. A la mañana siguiente, el novicio Chi Tam relató su conversación al abad, que también se mostró muy complacido.

Las burlas por el escándalo acabaron por aplacarse en el pueblo, es decir, hasta que Thi Mau completó su embarazo y dio a luz al niño. En un arranque de ira, el padre de Mau declaró que su hija debería llevar el bebé a quien pertenecía, pues en su casa él no podía aceptar la presencia de un hijo concebido fuera del matrimonio. Sin embargo, Mau seguía sin atreverse a revelar la verdad. No sabía qué debía hacer. Por fin, llevó audazmente al recién nacido al templo y lo dejó al cuidado del novicio Kinh Tam.

7

CORAZÓN DE DIAMANTE

Kinh Tam ya había pensado en cómo responder al abad y a los novicios mayores cuando le preguntaran por qué había recogido al recién nacido abandonado. El joven novicio suplicó a sus hermanos mayores que lo comprendieran y aceptaran.

Estas palabras, sin embargo, no evitaron que Thanh Tam montara en cólera e ignorara a Kinh Tam durante muchos días. Y no porque no se preocupara por él, sino porque no comprendía del todo su forma de proceder. Su lógica le decía que no era el padre del niño y por lo tanto no debería asumir la responsabilidad de su cuidado. Kinh Tam había escapado a duras penas del lazo de la justicia, así que ¿por qué debería colocárselo voluntariamente?

Aunque Thanh Tam había escuchado el razonamiento de que «el mérito de construir un templo de nueve pisos de altura no puede compararse al mérito de salvar la vida de una persona», no podía aceptarlo. «¿Por qué no salvar a cualquier otro ser humano, en lugar de a ese ser humano en concreto?»

Sin embargo, Kinh Tam se mantuvo firme, más duro que una roca, porque el corazón del novicio había llegado a ser como el diamante. Nadie podía evitar que hiciera lo que consideraba correcto. ¿Cómo alguien tan amable, dulce y devoto podía ser tan testarudo? Y a pesar de todo, después de una semana, la firme paciencia de Kinh Tam contribuyó a cambiar el punto de vista de Thanh Tam.

El hermano mayor Chi Tam tampoco estuvo de acuerdo al principio, pero guardó silencio y no hizo tangible su protesta. Es posible que el hermano mayor se encontrara dividido entre dos fuerzas: por un lado, su temor al desprecio de la gente, y por otro, su fe en su hermano menor, cuyo carácter era realmente excepcional.

La actitud de su maestro fue aún más misteriosa. Tras escuchar la sincera petición de Kinh Tam, el abad guardó silencio. Luego dijo:

—Tienes mi permiso para hacer cuanto te plazca. Has alcanzado la madurez y la sabiduría. Haz lo que creas que es apropiado.

Criar a un niño no era una tarea menor. Afortunadamente, aunque la tía Han, que estaba en el pueblo, no tenía leche en abundancia, accedió a compartir un poco con el pequeño. Kinh Tam le puso al niño Thien Tai («Buena Herencia»), y lo llamaba Tai para abreviar. El novicio masticaba arroz hasta convertirlo en una pasta con la que alimentar al pequeño y le cantaba nanas utilizando tan sólo las meditaciones de los sutras y de las escrituras.

El hermano Thanh Tam a menudo ayudaba a cuidar de Tai. Le gustaba mucho cantar *El sonido de la marea creciente*:

La puerta del Dharma universal está abierta,
el sonido de la marea creciente es cristalino, y el milagro
acontece:
¡un hermoso niño aparece en el corazón de una flor de loto!
Una única gota de agua compasiva basta
para devolver la fuente refrescante a ríos y montañas.

Man, el nuevo aspirante, también disfrutaba abrazando al bebé Tai. A menudo Man corría hacia la choza de paja y pedía permiso para sostener al bebé o al menos sentarse a su lado y verlo dormir. Con la presencia del pequeño Tai, la vida en el templo se hizo más animada. Kinh Tam cuidó a Thien Tai con amor, y el trabajo de criar a un niño se convirtió en una práctica de meditación en sí mismo.

Desde el día en que Kinh Tam se hizo cargo del bebé, el hermano mayor Thanh Tam se encargó de la tarea de hacer sonar la campana cada tarde, tal como le había pedido Kinh Tam. Era muy difícil hacerla repicar mientras se sostenía al niño con un brazo. Además, su sonido era demasiado fuerte y a veces asustaba al pequeño, que rompía a llorar. Cuando Kinh Tam echaba de menos tocar la campana, su hermano mayor se quedaba con el bebé mientras el novicio iba al campanario y recitaba los *gathas*. Man también pedía permiso para quedarse con el pequeño Tai mientras Kinh Tam cumplía estas tareas. A todos les gustaba escuchar el recitado de Kinh Tam. No poder hacerlo los dejaba con una sensación de carencia.

Muy diestro en el arte de coser y zurcir, el novicio hizo un diminuto hábito de monje para el pequeño Tai, utilizando sencillos tejidos de color dorado. Cuando el pequeño tuvo dos años de edad le enseñaron a llamar al novicio «padre-maestro».

A medida que Thien Tai crecía, extrañamente no se parecía en nada a Mau: su rostro empezó a asemejarse al de su «padre-maestro». Ello hizo que la conducta del novicio Kinh Tam fuera más sospechosa. Nadie podía imaginar la posibilidad de que las semillas de la virtud y la práctica diligente de Kinh Tam, sembradas y cultivadas en Thien Tai, pudieran manifestarse más visiblemente en el rostro del niño que las semillas hereditarias transmitidas por los padres biológicos.

El novicio Chi Tam, ahora plenamente ordenado y

llamado Thay Chi Tam, o venerable Chi Tam, era considerado el discípulo de más antigüedad y años de práctica en el templo y un monje muy aplicado. Sin embargo, incluso él tenía que admitir que su diligencia en la práctica palidecía si se comparaba con la del joven novicio Kinh Tam. En verdad, éste había puesto todas sus energías en la práctica de la meditación. Todas las tardes, Kinh Tam practicaba la meditación sentada hasta la medianoche. Cada vez que Chi Tam echaba un vistazo al bosque de pinos frente a las puertas del templo, veía la luz de una lámpara de queroseno brillando en el interior de la choza de paja de Kinh Tam. El joven novicio participaba en todas las actividades del templo y sólo se ausentaba cuando estaba enfermo. Thay Chi Tam solía verlo practicar la meditación en movimiento, dando pasos pausados, relajados e intensos en el polvoriento camino ante las puertas del templo. A veces Thay Chi Tam se avergonzaba por no esforzarse tanto en la práctica y estudio como su hermano menor.

El novicio Kinh Tam consideraba al pequeño Tai como un objeto fundamental para una meditación más profunda. Thien Tai era hijo de Mau, sí, pero también hijo de Kinh Tam. Ésta era la meditación en la que el novicio se concentraba con firmeza.

Durante estos períodos de meditación, Kinh Tam pensaba profundamente en todos los escándalos, injusticias y sufrimientos que había padecido. El novicio pensaba también en todos los individuos directamente implicados para obtener una mayor claridad y sabiduría. Kinh Tam siempre empezaba con una reflexión centrada en su propia persona.

El segundo centro de atención era Thien Si. Parecía que el joven estaba atrapado. Como hijo único de una familia rica, tenía muchas ventajas a la hora de alcanzar una buena educación y una carrera de éxito, pero no era dueño de su propia vida. Thien Si vivía como una sombra de sus padres, plenamente sometido a su control, como una marioneta accionada por los hilos del titiritero. No era capaz de tener sus propios juicios sobre las cosas o generar felicidad para sí mismo y sus seres queridos.

Kinh Tam volvió a pensar en el momento crítico de la acusación de intento de asesinato. Thien Si estaba allí, sentado, queriendo decir algo, pero en última instancia fue incapaz de expresar sus pensamientos. Estaba a punto de perder a su esposa, pero no pudo gestionar la situación ni tomar una decisión al respecto. Sus padres decidieron expulsar a su nuera. ¿Cómo podría él oponerse a ellos? Kinh intentó cambiar la situación, pero le resultó imposible. Al volver a casa se había sentido ligera de corazón y de mente, sin experimentar rencor alguno hacia Thien Si. Sin embargo, Kinh no sentía mucho respeto por él, y sin respeto el amor matrimonial no podía sobrevivir.

El tercer objeto de su meditación era Mau. Hija de una familia acomodada, tenía belleza y posición social, pero no felicidad. Aunque había tenido muchos pretendientes, nunca había sido verdaderamente amada. Ni siquiera el joven con el que Mau se había acostado había gozado de su amor o su respeto. El novicio no necesitaba saber quién era ese hombre. Lo que sabía con certeza era que Mau no lo amaba. Mau y aquel hombre simplemente habían sido víctimas de los encendidos fuegos de la pasión.

Mau se había enamorado, pero fatalmente, pues ese amor tuvo que hacer frente a dos obstáculos mayúsculos. El primero era que la persona amada había tomado los votos monásticos. El segundo era que la persona amada era una joven disfrazada. Además, Mau no sabía practicar de acuerdo con las enseñanzas de Buda, como las Cinco Instrucciones de la Atención Plena (preceptos budistas). Nadie había ayudado a Mau a comprender que cuerpo y mente son como profundos océanos que contienen oscuros y ocultos remolinos y monstruos marinos que pueden hacer zozobrar el bote de nuestra vida en segundos. Cuando uno se siente abatido, solo e impotente debido a un amor imposible, la riqueza o la belleza no tienen un verdadero valor. La cuestión es cómo crear una felicidad real.

Tanto Kinh Tam como Mau corrían peligro de ahogarse en el océano del sufrimiento y la ignorancia. Si

Kinh Tam no hubiera practicado intensamente, el novicio no habría podido escapar de ese océano. Mau había esperado atrapar a Kinh Tam en un presunto encuentro amoroso. La joven aún confiaba en la fuerza de su influencia, su poder y su posición en la sociedad. Pero Kinh Tam había desafiado todo eso. El orgullo y la vanidad de Mau habían quedado completamente demolidos. Podría decirse que ella era quien más sufría. ¿Qué le quedaba para ser feliz en la vida? ¿Acaso el único camino aún disponible para ella era el camino de la práctica?

La cuarta persona era el padre biológico de Thien Tai. Si era rico o pobre, joven o viejo, de clase alta o baja, conocido o desconocido, si aún vivía en el pueblo o se había marchado a otro lugar, todo eso carecía de importancia para el novicio. Kinh Tam sólo veía que el hombre también sufría inmensamente. Había sufrido porque Mau no lo reconoció, aun cuando había permitido que intimaran físicamente. Si Mau lo hubiera amado, habría comunicado su nombre al consejo del pueblo a fin de concertar su matrimonio. La verdad es que Mau no lo amaba y temía incluso pronunciar su nombre. Evidentemente, él también estaba aterrado y no se atrevía a mostrarse o reconocer públicamente a su hijo. Tal vez ni siquiera sabía que tenía un hijo. No se habría visto atrapado en esta red y forzado a ocultarse si Mau no hubiera estado obsesionada, desesperada e infeliz. El hombre también había sido víctima del miedo y la ignorancia. ¿Escaparía alguna vez de ese dilema?

De los cuatro, sólo Kinh Tam fue capaz de vislumbrar el camino de salida y practicar para no dejarse superar por las graves injusticias que habían acontecido. Observando a su alrededor, el novicio descubrió que otros muchos jóvenes también estaban atrapados en situaciones en las que el sufrimiento era similar al de estos cuatro seres. ¿Cuántos de ellos habían encontrado, como era su caso, un camino para escapar del sufrimiento y ser realmente libres?

El corazón y la mente de Kinh Tam se sentían ligeros y libres gracias a la práctica de la observación profunda que invocaba las energías de la bondad y la compasión interiores, como agua fresca que brotara de lo más profundo de la tierra. Al observar a los otros tres, Thien Si, Mau y el padre de Thien Tai, el novicio percibía que todos habían sufrido; cada uno de ellos luchaba por conducir el bote de la vida a través de los turbulentos mares de la ignorancia y los deseos, sometidos y a veces sepultados por el embate de las olas. Inundado de compasión, el corazón del novicio estaba libre de odio, dolor y resentimiento. Kinh Tam sabía que necesitaría más práctica para que un día le fuera posible ayudarlos a los tres, y también a otros, para que hallaran su propia comprensión y se liberaran del sufrimiento.

El novicio pensó: «Qué desolador es ver la manera

en la que los jóvenes continúan hundiéndose en esos senderos dolorosos. Mi padre, mi madre, mi maestro, mis hermanos mayores e incluso el pequeño Thien Tai también han sido víctimas y han tenido que padecer algunas de las consecuencias, aunque ninguno de ellos ha sido responsable en modo alguno de este sufrimiento y estas maldades».

8

EL GRAN VOTO

Sin duda todos aquellos que han vivido en la Tierra han experimentado una injusticia de uno u otro tipo. Si permitimos que el odio y la venganza dicten nuestra respuesta, nuestro sufrimiento se perpetuará indefinidamente. ¿Cómo hallar una salida? ¿Cómo liberarnos a nosotros mismos? Una persona herida por otra tiende a abrigar sentimientos de venganza y quiere castigar al ofensor. Pero Buda enseñó que el odio no se erradica añadiendo más odio. La única corriente que puede arrastrar los actos injustos es el agua dulce de la bondad y la compasión. Sin bondad y compasión, el odio y la venganza seguirán acumulándose año tras año, de una vida a la siguiente.

Mientras realizaba atentamente actividades cotidianas como la meditación sentada y en movimiento, la preparación de verduras o traer agua del pozo, el novicio Kinh Tam utilizó la poderosa espada de la meditación de la sabiduría para cortar las aflicciones, el agravio y el sufrimiento. Ahora, el corazón y la mente del novicio estaban realmente en paz, libres y felices.

Pasaron meses y años. Thien Tai tenía ya seis años. El aspirante Man tenía trece y ya había tomado oficialmente los votos del novicio con el nombre de Dharma Man Tam («Corazón de Plenitud»). El año anterior, el novicio Thanh Tam había recibido los votos de la ordenación plena en una ceremonia organizada en el distrito montañoso de Long Bien.

El novicio Kinh Tam pidió visitar su hogar una vez que hubiera recibido los votos de la ordenación plena. Su hermano menor, Chau, tenía ahora veinticinco años de edad. Había finalizado sus estudios en la Universidad de Dai Tap y había sido seleccionado y pasado el examen. Kinh Tam llevaba ocho años de práctica en el templo de la Nube del Dharma, y durante ese tiempo no se había atrevido a escribir una sola carta a casa.

Por desgracia, Kinh Tam cayó enfermo antes de la ceremonia de la ordenación plena. Aún muy enfermo a causa de una neumonía, el novicio se negó a que ningún médico entrara en la choza de paja para establecer un diagnóstico. Durante diez días consecutivos, Kinh Tam no pudo tragar nada, ni siquiera caldo de arroz. A pesar de su juventud, el pequeño Tai sabía lo suficiente como para temer por la salud de su padre-maestro.

Thien Tai era muy brillante. Había memorizado

muchos sutras y *gathas* sin tener que estudiarlos formalmente. Ya conocía la práctica de la meditación sentada y en movimiento y podía ayudar al novicio Man Tam en las tareas de limpieza y a preparar las verduras. Durante la enfermedad de su padre-maestro, el pequeño aspirante vagabundeaba en torno a la choza de paja realizando pequeñas tareas como calentar agua, recoger jengibre fresco para el templo y buscar a Thay Thanh Tam para pedirle que hiciera algo por su padre-maestro. Thien Tai era lo suficientemente mayor como para dormir cada noche en el templo, en la habitación del novicio Man Tam.

Kinh Tam tuvo fiebre alta durante muchas noches y a veces escupía una gran cantidad de sangre. Al final de una tarde, después de que hubiera bajado la fiebre, Kinh Tam supo que la muerte estaba cerca. El novicio tomó asiento. Fuera, la luna brillaba en todo su esplendor. Kinh Tam reunió sus últimas fuerzas para escribir cartas al abad y a sus hermanos.

Kinh Tam se sentía invadido por una serenidad extraordinaria; y al pensar en sus padres, en su hermano Chau y en sus hermanos en el Dharma, el novicio sintió un repentino impulso de energía que le permitió escribir las tres cartas de un tirón. La primera carta estaba dirigida a sus padres y su hermano, la segunda al abad, su maestro, y la tercera a Mau. La mano del novicio no tembló un ápice mientras escribía con el pincel.

En su carta al abad, el novicio pidió perdón por el engaño de haberse disfrazado de hombre. Su única defensa era que su deseo de practicar como monje era tan grande que no pudo sobreponerse a él. El novicio compartió todo cuanto habitaba su corazón, incluyendo el sueño de contemplar la fundación de un templo donde las mujeres pudieran practicar la vida monástica. También pidió permiso para que su hermano en el Dharma Chi Tam viajara al distrito de Cuu Chan para entregar en mano una carta que había escrito para sus padres, y que también permitiera a Thien Tai viajar y ser presentado a sus abuelos. Kinh Tam anotó cuidadosamente los nombres completos de sus padres y la dirección, incluyendo el pueblo, distrito y región. Por último, el novicio ofreció diez reverencias para expresar su fe e infinita gratitud al maestro por el que sentía el mayor respeto y amor. El novicio aseguró que el abad le había abierto el camino espiritual y que todo cuanto había alcanzado en la práctica se debía enteramente a la sabiduría, la bondad y la compasión de su maestro. Para concluir, el novicio suplicó encarecidamente que encontrara el modo de cumplir su más profundo deseo, que era el de fundar un templo para monjas.

En la carta a sus padres, después de disculparse por sus actos, tan escasos en piedad filial, y explicar las razones que la llevaron a la vida monástica, Kinh Tam compartió la inmensa felicidad que había conocido viviendo como monje. También relató, en un estilo ligero y desenfadado, el incidente con la joven del pueblo. El novicio agradeció a Chau que hubiera cuidado de sus padres en su lugar durante los últimos ocho años y reconoció, con agradecimiento, que en gran medida había logrado el éxito en el camino de la práctica gracias a él. Kinh Tam pidió a sus padres que informaran a su marido, Thien Si, y lo invitaran a acompañarlos cuando viajaran al distrito de Giao Chi para su funeral y la posterior cremación. También se refirió a la práctica de la tolerancia, y a la paz y felicidad derivadas de una práctica espiritual incondicional. Para terminar, el novicio expresó su esperanza de que sus padres consideraran al aspirante Thien Tai como su nieto.

En su carta a Mau, después de contarle su vida, el novicio afirmó no guardarle ningún rencor en absoluto; sabía que Mau había sido empujada por la desesperación, y por esa razón el novicio esperaba que Mau practicara con diligencia para transformar todas sus aflicciones. Kinh Tam dijo que consideraba a Mau como a una amiga y que se sentiría muy complacida si un día aspiraba a vivir la vida monástica.

Tras acabar la carta a Mau, Kinh Tam se sintió completamente agotada. Soltó el pincel de tinta, apagó la lámpara de queroseno y, enderezando su postura, empezó a alimentar su cuerpo con los ejercicios de meditación centrados en la respiración. Una vez que cuerpo y mente se hubieron calmado, Kinh Tam entró inmediatamente en la Concentración de la Bondad Inconmensurable. Tras alcanzar un gran nivel de concentración en este estadio, el novicio avanzó hacia la Concentración de la Compasión Inconmensurable. Una vez lograda la plena realización de esta concentración, ingresó en la Concentración de la Alegría Inconmensurable. Una sonrisa dichosa se abría en el sereno rostro del novicio. Con toda la fuerza de la Concentración de la Alegría Inconmensurable inundando su ser, Kinh Tam entró en la Concentración de la Ecuanimidad Inconmensurable. En esta concentración, la bondad, la compasión y la alegría abrazaron al novicio y a todos los seres del mundo; no había discriminación entre seres amados y enemigos. El novicio abrió plenamente su corazón a todos los seres. Concentró toda su atención plena en sus padres, su hermano, su maestro, sus hermanos en el Dharma y en toda persona que la hubiera apoyado en sus veintiocho años de vida. Entonces, con una sonrisa, dejó marchar el cuerpo y la vida. Firmemente sentada en posición de loto, Kinh Tam murió.

A la mañana siguiente, el aspirante Thien Tai entró en la choza de paja muy temprano y descubrió que su padre-maestro había fallecido. Aterrado, corrió a buscar al novicio Man Tam. Mientras éste corría a informar a Thay Thanh Tam, Thay Chi Tam se acercó a la choza de Kinh Tam y también vio que su hermano en el

Dharma había muerto, sentado en posición de loto en la cama de bambú. Acababa de recostar el cuerpo cuando llegó Thay Thanh Tam. Al cabo de unos minutos, los dos venerables descubrieron que su joven compañero en el Dharma era una mujer.

Thay Chi Tam pidió a todos los presentes que salieran de la choza y que unieran las palmas de sus manos invocando el nombre de Buda. Lloraba cuando atravesó las puertas del templo para buscar al abad, que también lloró al conocer la noticia. El abad ordenó a Thay Chi Tam que bajara al pueblo para transmitir lo acontecido al presidente y al resto de miembros del consejo. También le dijo que pidiera a algunas mujeres budistas laicas que acudieran al templo y ayudaran en la preparación del cuerpo del novicio Kinh Tam para el funeral y la cremación.

9

CORAZÓN AMOROSO

La noticia de que el novicio Kinh Tam era una mujer se extendió como un relámpago a través de las localidades del distrito. Gente del pueblo y de otros pueblos vecinos se concentraron en torno al templo de la Nube del Dharma. Budistas laicos, jóvenes, viejos, firmes partidarios, antiguos acusadores: todos se sintieron profundamente conmovidos. Al mediodía, las tierras del templo estaban atestadas de gente.

El abad leyó la carta que Kinh Tam le había dirigido e inmediatamente dio permiso al venerable Chi Tam para viajar al pueblo natal del novicio, llevarse al pequeño Thien Tai para presentarlo y entregar la carta que Kinh Tam había escrito a sus padres. El abad también pidió al novicio Man Tam que entregara la carta a Thi Mau en el pueblo. Thi Mau no estaba en casa cuando llegó el pequeño novicio. De hecho, había oído la noticia y había acudido al templo dos horas antes. El novicio Man Tam regresó al templo y, tras una larga búsqueda, encontró a Thi Mau y le entregó la carta.

El cadáver de Kinh Tam fue llevado al salón oeste, brillantemente iluminado con muchas velas y ricamente perfumado con incienso día y noche. El propio abad presidió todas las sesiones de canto y oración, y sólo era sustituido por Thay Thanh Tam cuando le sobrevenía el cansancio. El canto resonaba de forma audible en los patios exteriores del templo. Muchos derramaron incontables lágrimas. Se decían unos a otros: «Practicar así es una práctica realmente sincera. Ser capaz de soportar pacíficamente cosas tan difíciles de soportar es la verdadera práctica de la generosidad, *kshanti paramita*. ¡Qué horriblemente tratada fue Kinh Tam durante seis años!». Muchos de los hombres presentes tenían los ojos enrojecidos, mientras que las mujeres sollozaban y lloraban sin recatarse. El canto se extendió incesantemente sobre la conmoción.

El ataúd del novicio Kinh Tam iba a estar expuesto durante siete días en el salón oeste antes de ser trasladado a la pira funeraria frente a las puertas del templo, justo en el lugar en que se alzaba la choza de paja del novicio. Thay Chi Tam recibió permiso para viajar a caballo para traer a la familia de Kinh Tam a tiempo para la cremación. La familia de Thi Mau se presentó en el consejo del pueblo y solicitó pagar todos los gastos del funeral. Todos los miembros de esta familia de clase alta siguieron el consejo del abad y ocuparon los humildes alojamientos del templo durante esos siete días. Tomaron sencillos platos vegetarianos, durmieron en el suelo en camas modestas, leyeron sutras, cantaron textos de arrepentimiento y deseo de enmienda, y rezaron.

Mau lloró mucho. Durante la ceremonia para recibir la vestimenta de luto, se prosternó y pidió la ropa que hubiera recibido una hermana de sangre del novicio. Un profundo cambio se operó en Thi Mau. Desde que conoció la verdad y recibió el traje de luto, su rostro y su apariencia física cambiaron por completo. Todas las huellas de melancolía y desesperación desaparecieron de su semblante. Su rostro brillaba intensamente, como el de quien ha encontrado a alguien que lo ama de verdad. Siguiendo las órdenes del abad, se distribuyeron copias de *La colección de las seis Paramitas*, compaginadas por el maestro Tang Hoi, para que los cantos no cesaran ni de día ni de noche. Todos memorizaron los *gathas* sobre la enseñanza de la tolerancia.

Por último, el venerable Chi Tam regresó. Anunció que pronto llegaría una carroza de dos caballos con el señor y la señora Ly (padres de Kinh Tam), Chau, Thien Si y el pequeño Thien Tai. Dijo que Thien Tai había sido reconocido como nieto por los padres de Kinh Tam, que naturalmente habían llorado al leer la carta que su hija les había escrito. Durante ocho largos años habían buscado y esperado en vano noticias de su amada hija, y ahora, cuando al fin recibían una, era para comunicarles su desaparición.

La carroza se detuvo al pie de las colinas. Al mirar hacia el templo, el señor y la señora Ly descubrieron la bandera roja ondeando al viento con el nombre Dharma del novicio Kinh Tam, y rompieron a llorar otra vez. La ceremonia de cremación estaba prevista para empezar exactamente al mediodía, pero los alrededores del templo ya estaban abarrotados con unas tres mil personas. El canto continuó resonando en los patios exteriores del templo. Se confeccionó un puente de seda blanca de cientos de metros de longitud para representar el camino que conduce desde la orilla del sufrimiento a la de la liberación.

El propio abad acudió a recibir a la familia Ly y a Thien Si. Los hizo pasar a sus dependencias para consolarlos en su dolor y permitirles reverenciar a Buda; por último, los condujo al salón oeste para presentar sus respetos a su querida hija, el novicio Kinh Tam. La expresión facial del novicio fallecido era de gran tranquilidad; aún quedaba una traza de la sonrisa del instante de la última liberación. Todos se inclinaron ante el altar para recibir su respectiva vestimenta de luto: Chau como hermano menor del novicio, Thien Si como marido y Thien Tai como hijo del Dharma. Todos pronunciaron el solemne voto de practicar de acuerdo con los Cinco Adiestramientos de la Atención Plena, y lo hicieron diligentemente invocando los nombres de Buda y cantando los sutras.

Los poderosos sonidos envolventes de la campana gigante y los ritmos fulgurantes del tambor anunciaron que había llegado el momento de cerrar el ataúd e iniciar la procesión hacia la pira funeraria. Se pidió a la multitud de devotos que abrieran paso. El matrimonio de ancianos Ly, Chau, Thien Si, Mau y el pequeño Thien Tai caminaban detrás del ataúd luciendo sus ropas de luto. Los venerables Chi Tam y Thanh Tam presidieron la ceremonia, dirigiendo a los presentes en la invocación y el canto de los sutras. El aroma del incienso de madera de sándalo invadía el aire; su perfume ayudaba a los presentes a abrir sus corazones y abrazar todo el cosmos. Los profundos y lentos sonidos de la campana gigante, deliberadamente pausados, embriagaban suavemente a la gente para liberarlos de toda tensión y estar en paz.

En ese momento no había una sola persona en la multitud en cuyo corazón habitara el odio o la discordia. En ese momento no había nadie en la multitud que abrigara amargura o deseo de venganza. Allí había unas tres mil personas y, sin embargo, el corazón de cada una de ellas estaba henchido de la energía del verdadero amor. El corazón del novicio Kinh Tam penetró en el corazón de todos los demás. Kinh Tam estaba muy presente en este mundo terrenal, así como en la orilla de la verdadera liberación.

Mientras las llamas consumían la pira, el abad, ataviado con la túnica ceremonial, señaló un lugar especialmente brillante en el cielo. Todos alzaron la vista. Muchos vieron una enorme zona de nubes multicolores, una señal muy auspiciosa según la tradición. El novicio Kinh Tam era un verdadero practicante; pues era evidente que había alcanzado la plena liberación.

Eran las dos de la tarde cuando el fuego se extinguió. Los venerables Chi Tam y Thanh Tam ordenaron a los devotos que derramaran agua perfumada en las brasas calientes y recogieran las cenizas de Kinh Tam. En ellas hallaron setenta y cinco reliquias. Algunas de ellas eran del tamaño de una falange o un pequeño dedo, brillantes como perlas, y otras del tamaño de semillas de sésamo, relucientes en una auspiciosa combinación de cinco colores. Los dos monjes reunieron las reliquias en una urna de cerámica blanca que depositaron para su veneración en el altar del templo.

Desde un estrado elevado, el abad empezó a enseñar el Dharma al numeroso público. Aunque casi tenía setenta años, su voz era tan poderosa e imponente como el sonido de la gran campana. Declaró que aunque Kinh Tam era un novicio y no había tomado los votos completos, había tenido éxito en la práctica y alcanzado la plena iluminación. El novicio era la perfecta manifestación de un gran ser. El compromiso absoluto de Kinh Tam para vivir una vida generosa demostró que había alcanzado la verdadera sabiduría. El corazón de Kinh Tam se había transformado en un ilimitado corazón de bondad, compasión, alegría y ecuanimidad, con la capacidad de abarcar a todo ser viviente.

El abad hizo una pausa y luego continuó con aspecto reverente mientras relataba una visitación. La noche anterior, en el lugar donde el abad practicaba la meditación sentada, había aparecido Buda con una flor de loto en su mano izquierda mientras ejecutaba un *mudra* muy auspicioso con la mano derecha. Buda le dijo al abad que Kinh Tam había alcanzado el mayor logro de un *bodhisattva* y que ahora moraba pacíficamente en el Reino de la Nube del Dharma. Un rayo de luz brillante brotó del dedo meñique de la mano derecha del Honrado por el Mundo, aún en la postura del *mudra* auspicioso. Al observar el cielo en la dirección señalada por el rayo de luz, el abad vio un estrado en forma de loto de mil pétalos, magníficamente adornado con piedras preciosas. Sentado en el estrado del loto había una *bodhisattva* de porte majestuoso cuyos rasgos faciales eran exactamente los del novicio Kinh Tam. La *bodhisattva* sonrió y unió respetuosamente las palmas de las manos mientras su corazón rebosaba de serena alegría y admiración. Curiosamente, el abad también vio al aspirante Thien Tai de pie y con las palmas unidas detrás del estrado del loto de la *bodhisattva*. Aunque la aparición duró muy poco, la comunicación fue profunda y clara.

En ese preciso instante, una extraordinaria y maravillosa fragancia que nunca había percibido antes invadió la habitación del abad.

Éste anunció públicamente a la congregación que se había comprometido a empezar la construcción de un templo donde las mujeres podrían ordenarse y practicar como monjas, como la *bodhisattva* Kinh Tam le había implorado en su carta. Ella había practicado hasta la plena realización y era capaz de ayudar a sus padres y a muchas otras personas, cercanas o no, a trascender su sufrimiento y renovar sus vidas. Sus reliquias serían consagradas en este templo, donde había vivido y practicado. El abad continuó diciendo que, aunque era maestro de Kinh Tam, él mismo había alcanzado gran sabiduría observando la práctica de la *bodhisattva*. De este modo, el gran logro de un único practicante beneficia a innumerables personas. A continuación aconsejó a todos invocar el nombre de la *bodhisattva*: «Homenaje a Kinh Tam, *bodhisattva* de la Atención Profunda, la Bondad y la Compasión Ilimitada, la Ilimitada Alegría y la Ecuanimidad, la Ilimitada Tolerancia». Incondicional y reverentemente, todos cantaron la invocación ciento ocho veces. El abad también aconsejó a todos que invocaran su nombre cuando se sintieran irritados, airados, heridos u ofendidos. Gracias a la intensa concentración, esas aflicciones se transformarían en pocos minutos.

Entonces el abad concluyó la prédica leyendo un fragmento de un sutra en el que Buda enseña al novicio Rahula la forma de abordar diversas situaciones en la vida. En aquel momento Rahula había cumplido diecisiete años y estaba preparado para recibir enseñanzas más profundas.

Rahula, deberías aprender de la tierra. Tanto si la gente vierte en ella flores puras y fragantes, agua fresca y leche dulce o arroja cosas sucias y hediondas como sangre, pus, orina y basura, la tierra lo recibe todo en silencio sin sentimientos de orgullo, apego, agravio o humillación. ¿Por qué? Porque la tierra tiene una inmensa capacidad para abarcarlo todo y recibir y transformar todo cuanto acoge. Si tu mente-corazón, querido discípulo, es ilimitadamente inmensa, como la tierra, también tendrás la capacidad de recibir y transformar todas las injusticias y agravios. Y no sufrirás ni te sentirás humillado por ellos.

Rahula, deberías aprender del agua. Tanto si la gente arroja al agua cosas puras y agradables como si lava en ellas cosas sucias y hediondas, el agua lo recibe todo en silencio y sin sentimientos de orgullo, apego, agravio o humillación. ¿Por qué? Porque el agua tiene una inmensa capacidad para abarcarlo todo, fluye incesantemente y es capaz de recibir y transformar todo cuanto acoge. Si tu mente-corazón, querido discípulo, es ilimitadamente inmensa, como el agua, también tendrás la capacidad de recibir y transformar todas las injusticias y agravios. Y no sufrirás ni te sentirás humillado por ellos.

Rahula, deberías aprender del fuego. El fuego tiene la capacidad de recibir y quemar todas las cosas, incluyendo las sucias o hediondas, sin sentirse humillado ni agraviado. ¿Por qué? Porque el fuego posee una receptividad inmensa y la capacidad de quemar y transformar todo cuanto la gente arroja en él. Si tu mente-corazón, querido discípulo, es tan vasta y tan libre de prejuicios como el fuego, entonces tú también tendrás la capacidad para recibir y transformar todas las injusticias y agravios. Así, tu paz y felicidad interior no se verán afectadas por ellos.

Rahula, deberías aprender del aire. El aire tiene la capacidad de recibir, transportar y transformar todos los olores, dulces o pestilentes, sin sentimientos de orgullo, apego, agravio o humillación. ¿Por qué? Porque el aire tiene la inmensa capacidad de abarcarlo todo y la extraordinaria facultad de la movilidad. Si tu mente-corazón, querido discípulo, es ilimitadamente inmensa, si tu mente-corazón tiene la capacidad de transformar y una gran movilidad como el aire, también tendrás la capacidad para recibir y transformar toda injusticia y agravio que las personas puedan infligirte. Así, tu alegría y paz interior no se verán afectadas por ellos.

Las enseñanzas leídas por el abad eran similares a las poéticamente condensadas en los versos que el novicio Kinh Tam cantaba a menudo por la mañana temprano y al final de la tarde mientras hacía repicar la campana del templo. Estas palabras eran como gotas de néctar del Dharma que refrescaran los corazones de todos los oyentes. Tras escuchar el sutra, Chau, el hermano menor de Kinh Tam, se arrodilló a los pies del abad y pidió ser ordenado y practicar como monje en el templo de la Nube del Dharma. Thien Si también se arrodilló y solicitó ser ordenado. Thi Mau se arrodilló igualmente a los pies del abad. Prometió que en cuanto estuviera construido el primer templo para monjas, pediría la ordenación para practicar allí. Los padres de Thi Mau y los padres de la *bodhisattva* Kinh Tam también se arrodillaron, declarando su aspiración de recibir y practicar los Cinco Adiestramientos de la Atención Plena. También apoyaron incondicionalmente al abad en el esfuerzo por fundar el primer templo para monjas en el país de Giao Chau.

El templo de la Nube del Dharma, también conocido como templo de la Nube o templo de la Morera, es el lugar que ahora señala la leyenda de Kinh Tam, la *bodhisattva* de la Atención Profunda. Y para preservar en la memoria que la *bodhisattva* se apareció en forma de mujer joven, la gente del pueblo recita: «Homenaje a Thi Kinh, *bodhisattva* de la Atención Profunda». (El nombre «Thi» suele atribuirse a las mujeres.) Unámonos con alegría a la gente recitando respetuosamente: «Homenaje a Thi Kinh, *bodhisattva* de la Atención Profunda».

Fin

UNA BREVE NOTA ACERCA DE LA LEYENDA DE QUAN AM THI KINH

Un *bodhisattva* es un gran ser, un ser iluminado y animado por el deseo de ayudar a los demás a sufrir menos y disfrutar de la paz y la felicidad. En el budismo hay muchos *bodhisattvas*, cada uno de los cuales suele representar una virtud específica. Cada *bodhisattva* puede considerarse una de las manos de Buda.

Uno de los más importantes es Avalokiteshvara (o Avalokita), también conocido como Guan Yin en chino, Kannon en japonés y Quan Am (o Quan The Am) en vietnamita. Quan Am es la mano de Buda para el amor y la comprensión. En vietnamita, las palabras *quan am* significan «observar o escuchar profundamente los sonidos o llantos del mundo». Quan Am tiene la capacidad de atender al sufrimiento de la gente, comprenderla, encontrar a los que sufren y ayudarlos.

Quan Am Thi Kinh fue una *bodhisattva* real, célebre en Vietnam por manifestar una compasión infinita y una ilimitada paciencia. La historia de Quan Am Thi Kinh se transformó en una ópera popular hace siglos. Más tarde, se compuso una versión más erudita en forma de poema de hexasílabos y octosílabos en 788 versos.

Se desconoce quién escribió el poema sobre Quan Am Thi Kinh, pero es un trabajo muy bien realizado que merece su lugar en la historia de la literatura vietnamita. La primera versión publicada en escritura vietnamita moderna fue la realizada por Nguyen Van Vinh en 1911. En cuanto a las versiones escritas de la obra, una fue publicada en escritura nativa a finales del siglo XIX y las demás fueron escritas a mano. En 1966, Vu Khac Khoan publicó una versión en vietnamita con la aportación de muchos artistas del mundo de la ópera que trabajaron con él en Saigón en aquella época.

EL LEGADO DE THI KINH, POR LA HERMANA CHAN KHONG

La hermana Chan Khong es una monja budista vietnamita expatriada y activista por la paz que trabaja estrechamente con Thich Nhat Hanh en Plum Village y en todo el mundo.

Todo vietnamita conoce, a veces desde la más tierna infancia, la historia de Quan Am Thi Kinh, una manifestación del *bodhisattva* de la Gran Compasión. A las madres les gusta contar la historia a sus hijos para enseñarles a ser fuertes y resistir cuando afrontan grandes dificultades.

Thay Thich Nhat Hanh (en vietnamita, *Thay* es el término respetuoso y cariñoso para «maestro») siempre me dice que Thi Kinh aún permanece hoy viva en nuestra sociedad. Muchos de nosotros podríamos encontrarnos en una situación análoga a la de Thi Kinh (Kinh

Tam en el relato de Thay) en alguna ocasión, en uno u otro grado: personas que nos atacan injustamente, tanto física como verbalmente (esto último es más común). ¿Cuántos de nosotros sabríamos responder tan hermosa y compasivamente como lo hizo Thi Kinh?

En sus muchas décadas como monje y activista por la paz, Thay ha sido sometido a multitud de agresiones y amenazas —algunas sobre su propia vida física, otras muchas han revestido la naturaleza de difamaciones— en un grado no inferior a Thi Kinh. Thay lo ha soportado con firme determinación, profunda comprensión y gran compasión; y parece sufrir muy poco. Él nos enseña formas concretas de alcanzar la paz y la felicidad en todo momento: los dulces frutos de su propia práctica, día tras día, durante los últimos sesenta años.

He sido estudiante de Thay Thich Nhat Hanh desde 1959, cuando tenía veintiún años. Ahora tengo setenta y tres. Mis cincuenta y dos años de práctica a su lado me permiten dar fe de que nuestro maestro Thay, junto a cientos y más tarde miles de otros estudiantes, ha servido a la humanidad en todo el mundo, promoviendo la paz y la comprensión, con un amor ilimitado que jamás ha flaqueado o se ha visto quebrantado.

La historia de Thi Kinh es un cuento popular vietnamita de cientos de años de antigüedad, pero Thay escribió este libro para compartirlo como una enseñanza, ofreciendo una manera plenamente relevante de estar en el mundo en este siglo XXI. Thich Nhat Hanh vive cada día de su vida como Thi Kinh vivió la suya. Cuando quienes sospechan de Thay lo atacan, él siempre mantiene su fe en la humanidad (incluso en la de los atacantes), su mansedumbre y su conducta amistosa. Cuanto más examino los muchos acontecimientos que han sucedido en la vida de Thay y sus estudiantes —en los años sesenta, y también ahora, en la vida de sus 379 estudiantes monásticos en el monasterio Prajna (Bat Nha), fundado en Vietnam en 2008— advierto con mayor claridad hasta qué punto la historia de Thi Kinh es la de Thay y sus estudiantes.

Cuando los vietnamitas, tanto jóvenes como viejos, pensamos en esta historia, tendemos a amar a Thi Kinh y odiar a la joven llamada Mau, que se enamoró de un monje, mantuvo relaciones sexuales con otro hombre —el criado de su familia— y fingió que su embarazo era producto de una relación con Kinh Tam, aunque el monje fue injuriado y azotado casi hasta la muerte por la autoridad del pueblo. Toda nuestra compasión se centra en el novicio, que curó sus propias heridas y cuidó del niño de Mau hasta su propia muerte, momento en el que aflora la verdad sobre Thi Kinh.

Nadie podría aceptar a una persona tan vanidosa, egoísta y cruel como Mau, o tan débil y cobarde como Thien Si. Como yo misma crecí y maduré en medio de brutales guerras en Vietnam, he presenciado el colapso de los valores morales y el aumento de la corrupción, la violencia y la depravación en todas partes, día tras día. Pero cada vez que me quejaba a Thay, mi maestro, sobre lo horrible que era la gente, él siempre apaciguaba amablemente mi justificada indignación. Me decía que las personas reaccionan con miedo y violencia y comportamientos atroces respecto a los demás porque su percepción de las cosas es errónea, al igual que una «serpiente venenosa» en el camino no es más que un pedazo de cuerda. «No hay que liberarse de esas personas —decía Thay—, ¡hay que erradicar los puntos de vista erróneos!» Debemos entrenar nuestras mentes y nuestros corazones para observar con mayor profundidad la situación de conjunto y cómo ha llegado a ser así, a fin de aceptarla en lugar de condenarla. Nos preparamos, no para responder con violencia a la violencia, sino con el fin de encontrar el camino para eliminar las percepciones erróneas que nos hacen sufrir y hieren a los demás.

Recuerdo que en 1964, Thay y sus estudiantes, entre los que me contaba, iniciamos un movimiento juvenil que culminó en la creación de la Escuela Juvenil para el Servicio Social (EJSS) en Vietnam. Formamos a miles de jóvenes monjes, monjas y laicos para que viajaran al campo y ayudaran a los campesinos a reconstruir sus aldeas y mejorar sus vidas en lo relativo a educación, salud, economía y organización. Nuestros trabajadores sociales voluntarios llegaban a los pueblos y enseñaban a los niños a leer, escribir y cantar. Cuando a los habitantes de un pueblo les gustaba lo que hacíamos, los animábamos a construir una escuela. Una familia podía contribuir con algunos troncos de bambú, otros traían hojas de cocotero para hacer el tejado, y así sucesivamente. Una vez fundada la escuela traíamos algunos médicos y estudiantes de medicina que ayudaban uno o dos días y contribuían a crear una farmacia.

La EJSS se basaba en el espíritu del voluntariado. No esperábamos que el gobierno ayudara, e iniciábamos los proyectos nosotros mismos desde la base. Durante la guerra apadrinamos a más de diez mil huérfanos sin hogar. Así es como vivimos nuestro budismo comprometido. Sólo pretendíamos aliviar a las personas enfermas, heridas o necesitadas en la zona de guerra y a los granjeros pobres y en dificultades en otras áreas. Contribuimos a que los campesinos se autogestionaran compartiendo métodos para cuidar de su salud, mejorar sus cosechas, fabricar productos de artesanía para aumentar sus ingresos y educar a sus hijos. No teníamos ambiciones políticas.

Mientras tanto, los políticos de Saigón sospechaban de nosotros y nos eran hostiles porque les pedíamos (así como a sus oponentes, los comunistas) que pararan la guerra que tanto sufrimiento estaba causando a nuestro pueblo. Cuando las autoridades anticomunistas de Saigón advirtieron nuestro éxito a la hora de ayudar a los demás, temieron que nos volviéramos demasiado populares o influyentes. Así que en mayo de 1966 un grupo de hombres encapuchados llegó al anochecer a la EJSS y arrojó granadas en diversas habitaciones, entre ellas la de Thay. La cortina de su habitación hizo que la granada rebotara y saliera por la ventana, pero en todo caso él no estaba allí en ese momento; había sido invitado por la Universidad de Cornell en Estados Unidos y se había marchado el día anterior.

En junio, mientras celebrábamos una reunión en la EJSS, otros hombres encapuchados arrojaron granadas a los trabajadores de la organización que huían de ellos para ocultarse donde podían. Por primera vez presencié dos muertes entre mis amigos. Otras dieciséis personas resultaron heridas en el ataque. Thich Nhat Hanh aún estaba en Estados Unidos y pedía el fin de las hostilidades en nuestro país.

Evidentemente, las muertes nos causaron tristeza, pero sabíamos que quienes habían ordenado los asesinatos estaban atrapados en una percepción errónea de nuestra organización. En el funeral, mientras velábamos los cadáveres de nuestros amigos, con nuestro amado maestro físicamente lejos pero muy presente en cada uno de los corazones de los allí presentes, sólo pudimos responder a estas terribles y violentas injusticias declarando que lamentábamos profundamente la percepción errónea que se tenía de nosotros, y que también creíamos que podrían encontrar la forma de ayudarnos a aliviar el sufrimiento de los campesinos pobres, los niños analfabetos, los enfermos y las víctimas de la guerra, pues no teníamos otra ambición que ésa. Dos semanas más tarde, ocho de nuestros trabajadores sociales fueron secuestrados y tal vez asesinados, pues no volvimos a saber de ellos.

Más tarde, el 4 de julio de 1966, una pandilla de encapuchados llevó a cinco de nuestros trabajadores sociales a la orilla de un río y les dispararon. Todos murieron salvo uno, y gracias a ese único superviviente supimos que antes de disparar a nuestros amigos uno de los encapuchados dijo: «Lo sentimos, pero nos obligan a mataros». En el funeral agradecimos a aquel hombre sus palabras y pedimos que quien en el futuro recibiera tales órdenes intentara salvarnos de la manera que le fuera posible. Después de eso no hubo más asesinatos.

Para mostrar cuán equivocada era la creencia de que buscábamos poder político, nuestros pacíficos jóvenes, cuyo único objetivo era cuidar de la gente de su país, tuvieron que aceptar los asesinatos de catorce amigos queridos sin murmurar una sola palabra de ira o amargura. Este comportamiento por nuestra parte conmovió los corazones de muchos y tal vez contribuyó al fin de los asesinatos. Por todas partes aparecieron silenciosas manos que ofrecían su ayuda. Día tras día, mes tras mes, el número de trabajadores sociales voluntarios creció hasta alcanzar casi los diez mil en 1975.

Al repasar estos trágicos acontecimientos, resulta evidente que los estudiantes de Thich Nhat Hanh seguían los pasos de Quan Am Thi Kinh, sin responder a la violencia con violencia, ni siquiera verbalmente, porque tenían un maravilloso maestro que les enseñaba a comportarse exactamente como lo hiciera Thi Kinh. En los cuarenta y cinco años que han transcurrido desde entonces, muchas otras iniciativas sinceras y revolucionarias que Thay ha introducido para renovar el budismo han sido salvajemente agredidas; pero él siempre nos ha aconsejado responder con un silencio noble, con comprensión y compasión hacia quienes nos malinterpretaban.

Los seres humanos nunca parecemos aprender lo suficiente de nuestro pasado trágico. Repetimos los mismos errores y necesitamos manifestaciones de Quan Am Thi Kinh en todas partes para enseñarnos a practicar con más paciencia, abnegación, comprensión, compasión y tolerancia, y no responder con represalias, aunque sólo sean verbales, a quienes nos maltratan. En este nuevo siglo y milenio, la historia de la violencia y las percepciones erróneas peligrosas empezó de nuevo para los 379 monjes ordenados por Thich Nhat Hanh residentes en el monasterio Prajna (Bat Nha), en las tierras altas de Vietnam, cerca de Bao Loc, en la provincia de Lam Dong.

Después de treinta y cinco años de exilio, Thay fue invitado a su tierra natal, donde realizó un viaje de tres meses por cuatro provincias, ofreciendo retiros y otras actividades para ayudar a la gente a aprender a cultivar la atención plena, la comprensión y la compasión en la vida cotidiana. Más de la mitad de la población vietnamita de aquel momento había nacido mientras Thay permanecía en el exilio. Las enseñanzas impartidas fueron tan profundas y relevantes que indujeron a 125 hombres y mujeres jóvenes a seguir a Thich Nhat Hanh, convirtiéndose en monjes como él.

El abad de un templo de la provincia de Lam Dong ofreció su propiedad a Thay para transformarla en un monasterio para estos jóvenes seguidores, y muy pronto se fundó el monasterio Prajna. En sus inicios, este humilde templo tenía un buen salón de Buda y una gran parcela de terreno, pero sólo unas pocas casas con techo de hojalata para que los monjes vivieran en ellas. Llegaron donaciones procedentes de todo el mundo, y enseguida construimos seis residencias para alojar a los cientos de jóvenes que aspiraban a la vida monástica tal como la ha enseñado y vivido Thay. Aunque los nuevos edificios eran grandes, dormían dieciséis monjes y monjas en cada habitación. También construimos un gran salón de meditación para acomodar a las miles de personas que acudían a escuchar la prédica de Thay.

La práctica de estos jóvenes inspiró a otros que

también deseaban vivir una vida hermosa, sencilla y feliz. A finales de 2006 había 267 monjes residiendo e instruyéndose en el monasterio Prajna; en 2007 había 357, y en agosto de 2008 el número aumentó hasta 379. Vivían y servían a su comunidad con alegría, ofreciendo muchos servicios humanitarios a los niños pobres y hambrientos de la zona. Los proyectos incluían construir casas para niños en aldeas remotas de la región y procurar que miles de niños en edad preescolar recibieran cuidados, educación y al menos una comida al día mientras sus padres trabajaban como campesinos asalariados, en su mayor parte recogiendo té o café.

Una vez más, el éxito de este movimiento dinámico de jóvenes inteligentes y educados asustó al régimen. La mayoría de los templos en Vietnam tienen suerte si ordenan a dos o tres monjes al año. ¿Cómo era posible que el viejo monje Thich Nhat Hanh lograra ordenar a cientos de discípulos en apenas tres años y medio? (Además de los monjes y monjas de Prajna, había otros 118 en Hue City, en Tu Hieu, el templo natal de Thay; 116 en Plum Village, en Francia, donde vive Thay; 20 en el nuevo Instituto Europeo de Budismo Aplicado, en Alemania; y algunas docenas más en nuestros monasterios en Nueva York y California.) Por lo tanto, en 2008 las autoridades presionaron insistentemente al abad de Prajna, que originalmente nos había invitado y recibido, para que se volviera contra nosotros y nos expulsara.

En agosto de 2008 se envió una orden de la policía local a los 379 monjes en la que se les acusaba de ser okupas ilegales porque el propietario del monasterio no aceptaba su presencia. Entonces los monjes intentaron demostrar a las autoridades locales y nacionales que su presencia era legítima, mostrando los recibos de los fondos que nuestros donantes nos habían entregado para la construcción de cada edificio. Sin embargo, durante catorce meses los monjes y monjas del monasterio Bat Nha fueron acosados de forma constante y creciente.

Durante todo el mes de septiembre de 2008, la policía se presentó en las residencias entre las siete y las once de la noche para interrogar y hostigar a monjes y monjas, la mayoría de los cuales tenía menos de treinta años de edad. Siguiendo el extraordinario ejemplo viviente de bondad exhibido por su maestro Thich Nhat Hanh, nuestros jóvenes monjes y monjas exclamaban:

—¡Oh, pobres policías, por nuestra causa tenéis que trabajar duro investigando hasta la medianoche. Hermanas, hermanos, mostrémosles primero nuestros papeles y luego cantemos una canción para ellos.

»¡Por favor, preparad té para nuestros amigos policías!

»¿Nos hacemos una foto de recuerdo con nuestros amigos?

Tras un mes de intentos infructuosos de intimidar a

nuestros monjes con las visitas nocturnas, esta práctica fue abandonada.

Entonces las autoridades dispusieron muchos altavoces que gritaban insultos a los residentes veinticuatro horas al día. Se negaba la entrada a los autocares de amigos laicos que llegaban los días de la práctica de la atención plena, y los conductores eran amenazados. (¡Nuestros amigos se las apañaban para escalar los muros y participar en la práctica a pesar de todo!) Los monjes fueron desahuciados a la fuerza y sus pertenencias literalmente tiradas a la calle, a veces en plena lluvia. Estos 379 jóvenes se ubicaron en lugares cada vez más pequeños, pero siguieron practicando juntos para cultivar la atención plena y la vida espiritual.

La electricidad y el suministro de agua fue despiadadamente cortado entre junio y septiembre de 2009. En una ocasión, durante ese período de tiempo, una delegación de venerables monjes y monjas de Saigón que llegaron de visita fueron increpados por una multitud que también les arrojó excrementos. Ese mismo día una joven fue enviada para mofarse de los monjes sentados en meditación. Cuando entró en el salón de meditación quedó tan perpleja e impresionada por su energía que no supo qué hacer. Una anciana, presumiblemente la líder de la multitud, empujó a la joven y le gritó:

—¿Por qué te sientas en silencio? ¡Di algo!

En ese instante los monjes empezaban su práctica

de canto, y la joven rompió a llorar. Tras recibir dos llamadas en su teléfono móvil, abandonó la estancia.

Los monjes y monjas lo soportaron todo con compasión gracias al apoyo de las personas de la zona, que secretamente les llevaron miles de botellas de agua mineral entre la una y las dos de la madrugada, cuando los policías dormían. Los cielos también enviaron agua: las cisternas recolectoras de los monjes recogieron la lluvia que caía todas las noches.

Por último, entre los días 26 y 27 de septiembre de 2009, la policía envió a una violenta pandilla mercenaria para provocar a los monjes de la más atroz de las formas. Depositaron preservativos y libros sobre sexo en las pertenencias de los monjes, los increparon y los sacaron de sus habitaciones en un esfuerzo por meterlos en treinta taxis y cuatro camiones alquilados especialmente para la ocasión. Los monjes hicieron una cadena humana para evitar que los introdujeran en los vehículos. Las mujeres de la multitud llegaron a estrujar los genitales de los monjes, lo que obligó a los monjes a soltarse para protegerse, y a continuación los metieron en los taxis.

Aunque la multitud los arrastró por la escalera desde la cuarta planta hasta la planta baja, los golpeó y los metió a la fuerza en los coches, estos jóvenes —entre ellos un campeón de boxeo de la provincia de Dak Lak— renunciaron a defenderse o herir a los matones y a los policías (supuestamente ausentes y desconocedores de los acontecimientos pero que participaban de ellos en secreto). Los taxistas condujeron unos cientos de metros hasta perder de vista el monasterio, y entonces liberaron a los monjes, algunos de los cuales regresaron furtivamente a Prajna, mientras que otros siguieron por la carretera junto a las monjas. La joven vestida con ropas provocativas que había llorado en el salón de meditación, apareció entonces con una enorme bolsa de galletas para ellos.

Esa noche, los monjes y las monjas caminaron dieciocho kilómetros bajo la fuerte lluvia hasta el monasterio de Phuoc Hue, donde se les ofreció refugio. Cada quince minutos la policía telefoneaba al abad de ese monasterio para amenazarlo, en un esfuerzo por hacer que expulsara a los monjes de Prajna de su templo. El abad resistió valientemente durante dos meses, hasta el 9 de noviembre de 2009, cuando la multitud apareció otra vez para acosar física y verbalmente a los estudiantes de Thay, incluso en presencia de un comité de investigación de los derechos humanos procedente de la Unión Europea, que fue testigo de todo el incidente.

En noviembre de 2009, las autoridades declararon que si nuestros monjes y monjas disponían de otros monasterios para alojarse, se les permitiría continuar sus prácticas en ellos. Creían que nadie se atrevería a intentar acoger y alimentar a tantos jóvenes. Unos meses más tarde, cuando dos grandes monasterios —Toan Duc en la provincia de Dong Nai y Van Hanh en Dalat— decidieron recibirnos, sus propuestas fueron rechazadas por las autoridades.

El 17 de diciembre, los monjes de Prajna fueron advertidos de que la policía planeaba movilizar a algunos prisioneros, que les afeitarían la cabeza y los vestirían con túnicas de monje el 31 de diciembre, con el fin de que acosaran y golpearan a nuestros monjes y monjas hasta que abandonaran Phuoc Hue. En lugar de formar parte de esa violación del sagrado hábito monástico, monjes y monjas decidieron dejar su refugio en Phuoc Hue y emigrar a Camboya, Tailandia, Malasia y Hong Kong en busca de refugio, aunque carecían de visados. Una vez más nos encontramos con la historia de Thi Kinh, pues nuestros monjes y monjas fueron fieles a la práctica de no infligir dolor, no incurrir en la violencia, ni siquiera verbal, mientras abandonaban Vietnam.

Poco después de la salida forzada del país, los monjes de Prajna encontraron un hogar temporal en Tailandia, y nueve meses más tarde Thay fue a visitarlos. En una reunión con los monjes refugiados y unos cuatrocientos laicos procedentes de Vietnam, Thay declaró: «Éste es un momento realmente feliz. Creo que somos muy afortunados. Atravesamos todas estas privaciones, pero la compasión de nuestros corazones permanece intacta; no abrigamos ira, ni tampoco el menor deseo de vengarnos o dañar a nadie».

Mientras Thay hablaba en Tailandia, un potente tifón inundaba muchas provincias de Vietnam, matando a mucha gente y destruyendo casas y cosechas. Inspirándose en el tifón como metáfora de la situación de monjes y monjas, Thay manifestó: «Hay inundaciones en Vietnam. No importa. Hemos llegado a este lugar seco y seguro. Cuando las inundaciones desaparezcan, volveremos a casa». A los ojos de todos los oyentes asomaron las lágrimas cuando la compasión del anciano monje penetró en cada uno de ellos.

Muchas obras en forma de teatro musical popular (*hat cai luong* en Vietnam del Sur, *hat cheo*, *hat ke chuyen* en Vietnam del Norte), así como muchos cuentacuentos budistas populares en los templos han presentado la vida de Quan Am Thi Kinh con respeto y admiración como manifestaciones reales del *bodhisattva* de la Gran Compasión, Avalokiteshvara. Todos odian a Mau como la persona más cruel y despreciable. Pero la versión que Thich Nhat Hanh ofrece del relato es, en mi opinión, la expresión de sus propias experiencias al ser injustamente tratado y su enseñanza de que la compasión se extiende a todos, como evidencia su empatía incluso hacia Thien Si y Mau entre los personajes del relato.

Leer esta historia aumenta nuestra capacidad para

amar y comprender a todos los seres, tanto los «malos» como los «buenos». No necesitamos sentir desprecio hacia Thien Si; no abrigamos ira u odio hacia Thi Mau. Podemos sentir que somos uno con cada uno de los personajes del relato. He leído esta historia, tal como la cuenta Thay, muchas veces, y tengo la sensación de que siempre la leo por primera vez. La última vez que lo hice me conmovió tan profundamente que las lágrimas inundaron mis ojos. Me dije a mí misma que tenía que leerla cada semana para recordarme constantemente que no debía observar las cosas superficialmente, como había sucedido en el pasado.

Yo podría ser Thien Si, tan trivial y egoísta, tan manipulable por personalidades fuertes como su madre celosa y controladora. ¿Cuántos de nosotros nos hemos dejado arrastrar, como Thien Si, por lo peor que hay en otras personas, incapaces de gestionar correctamente sus vidas? Muchos podríamos ser como Mau, orgullosos, imprudentes, hundiéndonos en nuestra propia vergüenza y cobardía, y mintiendo aun cuando otra persona es duramente castigada por nuestras fechorías. Y el presidente del consejo que utiliza su autoridad «moral» para juzgar a los demás...; también podríamos ser él.

Examinando mi propia vida, descubro que hubo muchas ocasiones en que no supe cómo observar profundamente muchos conflictos en las familias y en la sociedad, a fin de reforzar mi comprensión y mi capacidad para responder de forma útil. La historia de Thi Kinh es sólo el principio de mi formación para observar con mayor profundidad cosas que parecen obviamente «ciertas», pero que al final resultan ser falsas. Me esfuerzo por recordar a Thi Kinh y plantear preguntas. ¿Estoy, estamos, comportándonos superficialmente, como Thien Si, a partir de la debilidad o el temor al juicio? ¿Dejo, dejamos, que personalidades fuertes nos arrastren en la dirección equivocada? ¿Actúo, actuamos, como Mau, cegados por la arrogancia debida a muchos privilegios y éxitos, perdiendo así nuestro camino?

A veces parece que hemos ido demasiado lejos para dar media vuelta. Nuestra sociedad es así en todos los aspectos. Debo esforzarme para dejar un lugar, para abrir un espacio y un tiempo, para mirar con más profundidad a mí misma y a la persona con la que interactúo y a la que tal vez estoy juzgando. Siempre hay lugar para una mayor comprensión, y me esfuerzo para contemplar la verdad más profunda de cada situación. Sé que la paz en este mundo es posible si nos esforzamos por cultivar una mirada más profunda, especialmente en lo que respecta a personas o acciones que nos gustaría castigar porque parecen obviamente erróneas y merecen ser censuradas. Cuando surge la comprensión, podemos amar, podemos abrazar y ser compasivos incluso con las peores personas, porque descubrimos que su debilidad es también la nuestra. Así es como Thay ha podido encontrar tanta energía y mirar directamente los actos violentos más atroces en nuestro mundo y trabajar por la paz durante casi setenta años con tan poco sufrimiento. Dejémonos inundar incondicionalmente por la práctica de Thay y seamos su prolongación, empezando hoy mismo.

PRACTICAR EL AMOR,
POR THICH NHAT HANH

Cuando los monjes y monjas de Plum Village inician un gran retiro, un día de mindfulness o una charla pública con otras muchas personas, siempre empezamos ofreciendo un canto para buscar refugio en la gran compasión de Quan Am, Avalokiteshvara. Este canto invariablemente conmueve a muchos de los asistentes, a menudo hasta las lágrimas. Cuando cantamos o nos inclinamos para tocar la tierra en homenaje a Quan Am, en realidad entramos en contacto con la energía del ilimitado amor que hay en nosotros. También descubrimos que tenemos la capacidad para escuchar profundamente, para amar y comprender. En primer lugar, nos atendemos a nosotros mismos para escucharnos y amarnos; porque si no podemos comprendernos y amarnos a nosotros mismos, ¿cómo tendremos la energía para amar y comprender a los demás?

Hay días en los que nada parece salir bien. Confiamos en nuestra inteligencia y talento y creemos que tendremos éxito sólo con eso. Pero hay días en los que todo parece ir mal. Cuando las cosas van mal, te esfuerzas aún más, y cuanto más te esfuerzas, las cosas siguen yendo mal. Dices: «No es mi día». Lo mejor es dejar de luchar, volver a casa y recuperarse. No te afanes, apoyándote en tu talento e inteligencia para enderezar las cosas. Tienes que volver a casa para restaurar tu solidez, libertad, paz y calma antes de intentarlo otra vez.

En 1964, ayudé a fundar la Escuela de Jóvenes para el Servicio Social (EJSS) en Vietnam. Se creó durante la guerra para ayudar en los problemas de violencia, pobreza, enfermedad e injusticia social. Formamos a jóvenes monjes, monjas y laicos en la realización de trabajo social.

Había algunos pueblos sin escuelas, donde los niños tenían que trabajar desde muy pequeños, ayudando a sus padres a cultivar la tierra, pescar y otras muchas labores; no tenían la oportunidad de disfrutar de una educación. Fuimos a esos pueblos y construimos escuelas muy humildes. No teníamos dinero. Uno o dos de nosotros íbamos al pueblo, jugábamos con los niños y empezábamos a enseñarles a leer y escribir.

Cuando llovía, pedíamos a uno de los aldeanos permiso para usar su casa y continuar las enseñanzas. Poco a poco, los padres advertían que gustábamos a los niños. Por último, proponíamos a los habitantes del pueblo que nos ayudaran a construir una escuela. La escuela estaba hecha de bambú y hojas de cocotero; las hojas para el techo y el bambú para los muros. Era la primera escuela jamás construida en el pueblo. Cuando la gente veía que hacíamos algo bueno, nos ayudaban a construir una escuela más grande donde pudieran estudiar más niños. También ofrecíamos clases por las tardes, para los adultos y los niños que no podían acudir durante el día. Encontramos amigos que donaban aceite o queroseno, lo que nos permitía encender lámparas para las clases nocturnas. Empezábamos con lo que teníamos y los pocos recursos a nuestra disposición. No esperábamos nada del gobierno, porque si esperas algo del gobierno, te toca esperar mucho tiempo.

A veces traíamos a un abogado o un juez al pueblo, para que los vecinos obtuvieran certificados de nacimiento para sus hijos. Si los niños no tenían esos certificados, no podían matricularse en la escuela pública. En una mañana podíamos expedir veinte certificados, y los niños que acudían a nuestra escuela podían entonces asistir a la escuela pública.

También construimos centros de salud con techos de hojas de cocotero y muros de bambú. Mezclábamos barro con paja y recubríamos los muros para que conservaran el calor. Enseñé a hacerlo a los jóvenes. También usábamos un poco de cemento para hacerlo todo más sólido. Pedimos a seis estudiantes próximos a graduarse en la escuela de medicina que se presentaran una vez a la semana y ayudaran a diagnosticar y tratar a los campesinos. Los aldeanos acudían al centro con todo tipo de enfermedades, como cataratas, tos y resfriados. No teníamos presupuesto; sólo nuestros corazones. Éramos jóvenes y la energía del amor nos ayudaba a hacer estas cosas.

También mostramos a la gente cómo construir baños. Hasta entonces hacían sus necesidades en cualquier parte. Si tenían diarrea, las bacterias podían llegar al suministro de agua y así contagiar a los demás. Les enseñamos a usar cemento y arena para construir baños muy baratos. También les enseñamos a fabricar fertilizante orgánico y criar pollos. Aprendimos las técnicas en la escuela y luego fuimos al campo y compartimos nuestro conocimiento. Así fue como hicimos muchas cosas y fuimos muy felices.

También ayudamos a formar cooperativas y enseñamos a la gente a organizarse e invertir su dinero. Una persona pedía prestado dinero a otras familias a fin de construir una casa o invertir en un pequeño negocio. Al mes siguiente, otra persona podía pedir prestado a otros.

Así fue como iniciamos proyectos piloto en los pueblos. Al llegar a uno de ellos, fotografiábamos cómo vivía la gente. Luego, después de un año de trabajo y la transformación del pueblo, lo fotografiábamos de nuevo. Invitábamos a los campesinos de otros lugares a ver el resultado, a fin de inspirarlos para transformar sus propios pueblos. No contábamos con la ayuda de ningún gobierno, porque en aquel entonces había dos en Vietnam —uno comunista y otro anticomunista— y luchaban entre sí. No queríamos tomar partido, porque si tomas partido por un bando, tienes que combatir al otro. Y si inviertes tu tiempo y tu vida en la lucha, no puedes ayudar a la gente.

Es una posición difícil de asumir, porque en una situación de conflicto, si te alías con una de las partes beligerantes, al menos esa parte te protege, pero si no te alías con nadie, corres el riesgo de que ambos bandos te tomen por su enemigo. Cuando recordábamos a cada uno de ellos que el otro bando no era malvado sino que estaba compuesto por seres humanos como ellos mismos, éramos recibidos con extrema hostilidad y nos exponíamos, tanto mis estudiantes como yo mismo, a muchas situaciones peligrosas. Y ese patrón ha seguido desde los años sesenta hasta la actualidad. Que yo siga vivo hoy es un verdadero milagro, pues muchos de mis amigos y estudiantes fueron asesinados.

Durante la guerra, los bombardeos destruyeron muchos pueblos, lo que originó un éxodo de refugiados desesperados. Al principio habíamos planeado trabajar en el desarrollo rural, pero cuando el conflicto se recrudeció nos ocupamos de los refugiados e intentamos reasentarlos. En 1969 fue bombardeado un pueblo que habíamos ayudado a construir en la provincia de Quang Tri. Estaba muy cerca de la zona desmilitarizada que separaba el Norte y el Sur. El pueblo se llamaba Tra Loc. Nos llevó más de un año transformar el pueblo en un lugar hermoso donde la gente disfrutaba de la vida. Un día, los aviones estadounidenses lo bombardearon. Habían recibido la información de que las guerrillas comunistas se habían infiltrado.

Las personas del pueblo perdieron sus hogares y nuestros trabajadores se refugiaron en otros lugares. Nos lo comunicaron y nos preguntaron si tenían que reconstruir el pueblo, y dijimos: «Sí, tenéis que reconstruir el pueblo». Pasamos otros seis meses dedicados a la reconstrucción, y el pueblo fue destruido por los bombardeos una segunda vez. De nuevo la gente perdió sus hogares. Tuvimos que construir muchos pueblos como ése en todo el país, pero era muy difícil cerca de la zona desmilitarizada. Entonces nuestros trabajadores nos preguntaron si lo levantaban por tercera vez, y tras mucha deliberación concluimos: «Sí, tenemos que reconstruirlo». Y así lo hicimos una vez más. ¿Sabéis lo que sucedió?: los bombardeos estadounidenses volvieron a destruirlo.

Bordeamos la desesperación, que realmente es uno de los peores sentimientos que puede sufrir un ser humano. Habíamos reconstruido el pueblo por tercera vez, y por tercera vez había sido bombardeado. Llegó la misma pregunta: «¿Reconstruimos o lo dejamos?». En nuestra sede este asunto se discutió en profundidad, y la idea de rendirse era muy tentadora: tres veces era demasiado. Pero al final fuimos lo suficientemente sabios como para no rendirnos. Si nos rendíamos en el pueblo de Tra Loc, renunciaríamos a la esperanza. Teníamos que mantener la esperanza para no caer en la desesperación. Por esa razón decidimos reconstruir el pueblo una cuarta vez.

Recuerdo que estaba en mi oficina del Instituto de Estudios Budistas de Saigón cuando un grupo de jóvenes llegó y me preguntó: «Thay, ¿crees que la guerra acabará algún día? ¿Hay esperanza?». El pueblo de Tra Loc sólo era uno de los lugares donde la situación era muy dura. La gente se mataba entre sí y había muchos muertos cada día. Había comunistas, anticomunistas, rusos, chinos y militares. Vietnam era víctima de un conflicto internacional. Queríamos parar la guerra, pero no podíamos, porque la situación no estaba en nuestras manos, sino en manos de las grandes potencias.

«Thay, ¿hay esperanza?» Imaginadme allí, con dieciocho jóvenes formulándome esa pregunta. Parecía que no había esperanza, porque la guerra se alargaba y se alargaba. No había luz al final del túnel. Cuando me hicieron esa pregunta, tuve que practicar la respiración consciente y regresar a mi verdadero hogar: la isla del yo.

Por último, respondí con mucha calma: «Queridos amigos, Buda dijo que todo es impermanente, que nada dura para siempre. La guerra también es impermanente, y acabará en algún momento. No perdamos la esperanza».

Eso fue lo que les dije. Yo mismo no tenía mucha esperanza, debo confesarlo, pero si no mostraba esperanza, destruiría a esos jóvenes. Tenía que practicar y alentar cierta esperanza para ser un refugio para ellos.

Las condiciones que describo aquí pueden parecer muy extremas, pero en realidad, en el presente, hay todo tipo de guerras en el mundo. En algunas de ellas se utilizan bombas y pistolas. Pero millones de los que vivimos lejos de lo que normalmente se considera «zona de guerra» también afrontamos muchas batallas —en nuestra vida laboral, nuestra comunidad e incluso nuestras familias—, y nos abruma la ira, el resentimiento, el miedo y la tristeza, aunque finjamos que no es así. Si tú mismo no te encuentras en esa situación, probablemente a alguien cercano a ti sí le ocurre.

La gente me pregunta cómo me las arreglo para no caer en la ira y la desesperación cuando me enfrento a la violencia y la injusticia. Creo que todos somos víctimas. Si no eres víctima de esto, eres víctima de aquello. Por ejemplo, si estás lleno de ira y miedo eres víctima de tu ira y de tu miedo, y sufres profundamente. Que una bomba estalle físicamente cerca de ti puede hacerte sufrir, ciertamente; pero vivir día tras día con ira y temor también te hace sufrir, tal vez incluso más.

Otros pueden maltratarnos, pero también podemos ser víctimas de nosotros mismos. Tendemos a creer que el enemigo está fuera de nosotros, pero muy a menudo somos nuestro peor enemigo por lo que hemos infligido a nuestros cuerpos y mentes. Algunas personas que se encuentran en una situación difícil no permiten que la ira o la ansiedad se apodere de sus mentes, y así es como no sufren tanto como otras personas en la misma situación. Como no son víctimas de la ira y el temor, sus mentes permanecen serenas y despejadas, y pueden hacer algo para contribuir a cambiar la situación.

Las personas que dirigen gobiernos represivos también son víctimas: víctimas de su propia ira, frustración e ideas limitadas acerca de cómo lograr seguridad. Son víctimas de la idea de que la violencia y el castigo hará disminuir la violencia y resistencia de sus adversarios. Por eso, ayudar a esas personas a eliminar sus obstáculos mentales no sólo los ayuda a ellos, sino a todo el mundo. Propongo que miremos profundamente para identificar a nuestro verdadero enemigo. Para mí, nuestro verdadero enemigo es nuestra forma de pensar, cegada por nuestro orgullo, ira y desesperación.

Dondequiera que hay violencia, normalmente ambos bandos son víctimas de este tipo de ideas y emociones. La práctica recomendada en Plum Village es no destruir al ser humano, sino al verdadero enemigo que está dentro del ser humano. Si quieres ayudar a alguien con tuberculosis, matas las bacterias, no a la persona. Todos nosotros somos víctimas de las bacterias llamadas violencia y percepciones erróneas.

En Plum Village hemos contribuido a que pequeños grupos de israelíes y palestinos se sienten juntos, localicen al verdadero enemigo y discutan cómo vencerlo. Cuando te embarga la ira, el miedo y la desesperación, no conservas la calma o la lucidez y eres incapaz de adoptar la acción correcta que pueda instaurar la verdadera paz. Esos retiros fueron profundamente conmovedores y tuvieron un gran éxito, y cuando los grupos regresaron a Oriente Medio, empezaron a trabajar activamente para traer una mayor comprensión y reconciliación a quienes vivían a su alrededor.

Una de mis estudiantes, la hermana Tri Hai, era una monja que cursó estudios en la Universidad de Indiana, en Bloomington, y obtuvo una licenciatura en literatura inglesa. Tras regresar a Vietnam y trabajar por la paz y los derechos humanos, fue arrestada y recluida en prisión. En su pequeña celda practicó la meditación en movimiento y compartió la práctica del cultivo de la paz interior con otras muchas mujeres. Para no desfallecer y poder sobrevivir, se entregó a la meditación en movimiento. De mí había aprendido esa meditación;

cómo habitar el momento presente, a mantener su esperanza y a sí misma. En la prisión fue capaz de ayudar a mucha gente a desarrollar su propia fuente de fortaleza espiritual.

En una situación como ésa, sobrevives gracias a tu fuerza espiritual; de otro modo enloqueces, porque careces de esperanza, te sientes frustrado y sufres mucho. Por esa razón es tan importante la dimensión espiritual de tu vida. Sin ella, la ira, la desesperación y el miedo resultan abrumadores y no puedes ayudarte a ti mismo. ¿Cómo podría entonces ayudar a los demás? La ira es fuego; el miedo, la desesperación y la sospecha son fuego; y continúan quemándote. Hemos atravesado el fuego y sabemos lo caliente que es.

La hermana Tri Hai practicaba la meditación en movimiento durante la noche para mantenerse en pie y no perderse en el fuego. Regresó a su verdadero hogar en su interior. Su verdadero hogar no era París, Londres o Tra Loc, porque ese hogar puede ser bombardeado o eliminado. Tu verdadero hogar está en tu interior. Buda dijo: «Ve a casa a la isla de tu interior. Hay una isla segura en ese lugar. Cada vez que sufras, cada vez que te sientas perdido, acude a tu verdadero hogar. Nadie puede arrebatártelo». Ésta fue la última enseñanza que Buda comunicó a sus discípulos cuando tenía ochenta años y estaba a punto de fallecer.

Hace muchos años, tenía una ermita en un bosque

a unas dos horas en coche de París. Una mañana salí de ella para dar un paseo. Pasé todo el día fuera, almorcé, practiqué la meditación en posición sentada y escribí poesía. Por la mañana, el día había sido espléndido, pero al final de la tarde advertí que las nubes se estaban acumulando y el viento empezaba a soplar, por lo que regresé a casa. Una vez allí descubrí que la ermita era un caos, porque al salir había abierto la puerta y todas las ventanas para que entrara el sol y se llevara todo rastro de humedad. En mi ausencia, el viento había tirado los papeles de mi escritorio y los había diseminado por doquier. La ermita estaba fría y desolada.

Lo primero que hice fue cerrar la puerta y las ventanas. Lo segundo, encender un fuego. Cuando el fuego empezó a brillar, el sonido del viento me pareció feliz y me sentí mucho mejor. Lo tercero fue recoger los papeles dispersos, colocarlos en la mesa y depositar sobre ellos una piedra como pisapapeles. Me llevó veinte minutos hacer todo eso. Por último, me senté cerca de la estufa de leña. La ermita era cálida y agradable, y me sentía cómodo y feliz en su interior.

Cuando sientes que tu situación es desdichada porque las ventanas de tus ojos y oídos han permanecido abiertas demasiado tiempo, el viento del exterior ha soplado dentro y te has convertido en una víctima —un caos en tus sentimientos, tu cuerpo y tus percepciones—, no deberías insistir en hacer lo que intentas llevar a cabo. Regresa a tu ermita; siempre está en tu interior. Cierra las puertas, enciende el fuego y procura que el entorno vuelva a ser agradable. Eso es lo que quiere decir «tomar refugio en la isla del yo». Si no regresas a la casa de ti mismo, seguirás perdido en las tormentas de las circunstancias externas. Puedes destruirte a ti y a cuantos te rodean, aunque tus intenciones sean buenas y quieras hacer algo para ayudar. Por esa razón es tan importante la práctica de regresar a la isla del yo. Nadie puede arrebatarte tu verdadero hogar.

He estado exiliado de Vietnam entre 1966 y 2005. Ni los anticomunistas ni los comunistas querían que volviera a casa. Por lo tanto, aprendí a encontrar mi verdadero hogar en mi interior. Dondequiera que fuera, me sentía en casa. No penséis que mi hogar es la ermita de Plum Village, donde vivo ahora. Mi hogar es más sólido que Plum Village, porque sé que este lugar nos puede ser arrebatado. En diversas ocasiones, uno u otro de los edificios de Plum Village ha sido clausurado por el gobierno francés porque no reunía los requisitos básicos de construcción: éramos demasiado pobres o ignorantes para construir un cortafuegos, disponer de cierto tipo de puertas, habilitar la cocina de determinada manera y así sucesivamente. Pero cuando eso sucedió no sufrimos mucho, porque nuestro verdadero hogar lo llevábamos dentro.

Si queman tu choza y te expulsan, es evidente que

eso te hará sufrir; pero si sabes cómo volver a tu verdadero hogar, no perderás la fe. Sabes que si tu verdadero hogar aún sigue en tu interior, podrás construir otro fuera, al igual que reconstruimos el pueblo de Tra Loc en cuatro ocasiones. Sólo si pierdes tu hogar interior pierdes la esperanza.

Querido amigo, haz cuanto puedas para vivir tu vida como Quan Am Thi Kinh. Regresa a tu verdadero hogar, la isla de tu yo verdadero. Ayuda a tu familia, tus amigos, tus compañeros de trabajo a recuperar la esperanza, la alegría, la paz y la felicidad y a reconciliarse con sus familias y con la sociedad. Tengo la gran esperanza de que serás una prolongación de Buda y llevarás la luz, la práctica, la alegría y la paz a mucha gente. Siento profundamente que Buda, Jesús, Mahoma y todos nuestros maestros espirituales de muchas generaciones están detrás de ti, guiándote, y que quieren que continúes su trabajo en el futuro para el bienestar de todos los seres vivos de este planeta.

Thich Nhat Hanh tiene comunidades de retiro en todo el mundo en las que monjes, monjas y laicos practican el arte de vivir conscientemente. Si deseas obtener información sobre estos retiros, por favor escribe a:

Plum Village
13 Martineau
33580 Dieulivol
Francia
plumvillage.org

Blue Cliff Monastery
3 Mindfulness Road
Pine Bush, NY 12566
USA
bluecliffmonastery.org

Magnolia Grove Monastery
123 Towles Rd.
Betesville, MS 38606
USA
magnoliagrovemonastery.org

Deer Park Monastery
2499 Melru Lane
Escondido, CA 92026
USA
deerparkmonastery.org

Para más información en español, puedes visitar el siguiente sitio web:
escuelasdespiertas.org